本书是国家社科基金青年项目"我国自由贸易区的网络空间格局与多元化开放利益耦合机制研究"（13CJY101）结题成果

我国自由贸易区的网络空间格局与多元化开放利益耦合机制研究

Research on the China's FTA Networks and
the Coupling Mechanism of Diversified Open Interests

徐世腾 ◎ 著

经济管理出版社
ECONOMY & MANAGEMENT PUBLISHING HOUSE

图书在版编目（CIP）数据

我国自由贸易区的网络空间格局与多元化开放利益耦合机制研究／徐世腾著.
—北京：经济管理出版社，2019.9
ISBN 978-7-5096-6741-5

Ⅰ.①我… Ⅱ.①徐… Ⅲ.①自由贸易区—经济发展—研究—中国 Ⅳ.①F752

中国版本图书馆 CIP 数据核字（2019）第 143321 号

组稿编辑：张莉琼
责任编辑：张　艳　张莉琼　张玉珠
责任印制：黄章平
责任校对：董杉珊

出版发行：经济管理出版社
　　　　　（北京市海淀区北蜂窝 8 号中雅大厦 A 座 11 层　100038）
网　　址：www.E-mp.com.cn
电　　话：（010）51915602
印　　刷：三河市延风印装有限公司
经　　销：新华书店
开　　本：720mm×1000mm /16
印　　张：11.75
字　　数：193 千字
版　　次：2019 年 10 月第 1 版　2019 年 10 月第 1 次印刷
书　　号：ISBN 978-7-5096-6741-5
定　　价：49.00 元

·版权所有　翻印必究·
凡购本社图书，如有印装错误，由本社读者服务部负责调换。
联系地址：北京阜外月坛北小街 2 号
电　话：（010）68022974　　邮编：100836

目 录

第一章 绪 论 /1

    第一节 研究背景及意义 /1

    第二节 研究思路、内容及方法 /3

        一、研究思路 /3

        二、研究内容 /3

        三、研究方法 /4

    第三节 研究主要结论、创新点及进一步研究展望 /5

        一、研究主要结论 /5

        二、主要创新之处 /8

        三、进一步研究展望 /9

第二章 文献综述 /10

    第一节 自由贸易区研究概况 /10

        一、早期自由贸易区理论研究 /10

        二、FTA对国际贸易的影响 /15

        三、FTA动因研究 /15

    第二节 自由贸易区网络研究综述 /16

        一、自由贸易区网络构建研究 /16

        二、自由贸易区网络格局研究 /21

第三章 自由贸易区网络的理论机制 /24

    第一节 自由贸易区网络构建中的"轮轴—辐条"模型 /24

        一、模型基本假设 /24

        二、双边FTA及多边自由贸易体系 /25

三、"轮轴—辐条"模式 /27
四、结论 /29
第二节 基于"多米诺效应"的自由贸易区网络扩张机制 /30
一、模型基本假设 /30
二、基准情形F_0 /33
三、单一外部 FTA 情形F_1 /34
四、双外部 FTA 情形F_2 /35
五、研究结论 /37

第四章 中国自由贸易区网络的空间格局 /41

第一节 自由贸易区网络的构建 /41
一、FTA 网络构建规则及数据来源 /41
二、FTA 网络化演变趋势 /42
第二节 自由贸易区网络的空间结构特征 /50
一、自由贸易区整体网络结构指标 /50
二、个体空间网络地位指标 /54
三、全球自由贸易区网络核心—边缘结构分析 /59
第三节 中国自由贸易区网络的空间关联 /63
一、中国的自由贸易区网络 /63
二、中国在自由贸易区网络中的空间关联分析 /68

第五章 中国自由贸易区网络、全球价值链与多元化开放利益 /74

第一节 FTA 对国家间经济联动效应的影响与冲击 /74
一、引言 /74
二、文献综述 /75
三、宏观政策对国家间经济联动的影响路径分析 /77
四、模型设定及变量说明 /78
五、估计过程及结果 /83
六、研究结论及政策建议 /90
第二节 中国自由贸易区网络的双边贸易利益分析 /92
一、总贸易核算框架及数据来源 /92

二、中国与 FTA 成员双边贸易分解 /95
第三节　中国自由贸易区网络的价值链依赖关系研究 /107
　　一、中国参与全球价值链演变概况 /107
　　二、中国自由贸易区网络中的价值链依赖关系分析 /108

第六章　中国自由贸易区网络建设与多元化开放利益耦合机制 /115

第一节　亚太自由贸易体系重构与中国的制度供给创新 /115
　　一、亚太自由贸易体系的现有制度供给方 /116
　　二、亚太自由贸易制度供给扩张与约束机制 /120
　　三、亚太自由贸易制度供给改革 /125
　　四、结论及政策建议 /131
第二节　推进中国 FTA 网络建设及开放利益耦合路径探索 /132
　　一、合理设置原产地规则标准使中国自由贸易区网络更多地承担多边贸易体制（WTO）"垫脚石"角色 /133
　　二、积极推动数字贸易开放和自由化 /135
　　三、将中国 FTA 网络与建设境外经贸合作区以及对发展中国家援助等有机结合，促进多元化开放利益稳定增长 /136

参考文献 /138

附录　全球贸易协定目录 /149

后　记 /179

第一章 绪 论

第一节 研究背景及意义

本书研究期间,全球贸易自由化形势发生了一系列重要变化。近年来世界货物贸易及服务贸易额增长明显放缓,全球化进程面临重大调整与挑战。金融危机带来的全球经济放缓引发各国尤其是发达国家中关于工作流失、贸易利益的分配以及移民问题等社会难题的争论,"反全球化"的力量迅速蔓延。在欧洲,2016年6月英国以公投方式决定"脱欧",给运转多年的欧洲一体化进程造成沉重打击。在北美,赢得选举后的特朗普宣布退出跨太平洋伙伴关系协定(TPP)。此外,欧盟与加拿大之间虽然已经于2016年10月签署《综合经济与贸易协定》,但欧盟成员的批准过程一波三折。近年来,全球化的受阻导致世界货物贸易及服务贸易额的增速明显放缓,不仅在2015年出现下降的情形,2018年全球货物贸易量增速也可能下滑0.3%。①

同时,区域贸易自由化趋势明显。当前,世界贸易组织(WTO)虽然仍旧是全球贸易治理的主要平台,但随着其涉及议题愈加广泛和复杂,成员在国内产业、投资、知识产权等领域利益分歧深化并难以协调,在全球

---

① 登高望远,牢牢把握世界经济正确方向——在二十国集团领导人峰会第一阶段会议上的发言 [EB/OL]. 人民网, http://jhsjk.people.cn/article/30435825.

范围内达成新自由贸易协定的希望越来越渺茫。① 随着多边自由贸易谈判陷入困境，双边或诸边自由贸易协定逐渐占据主动，区域贸易自由化呈蔓延趋势，成员参与多个自由贸易协定的情况越来越普遍。2000年以来，全球每年有10~20个自由贸易协定完成谈判并生效。WTO统计资料表明，截至2016年末全球有285个生效的自由贸易协定，另外还有39个正在谈判的自由贸易协定向WTO作"早期通知"。

当前，全球范围内自由贸易区网络化特征显著。统计资料表明，签署自由贸易区协议的国家（地区）数量已经超过120个，自由贸易区网络已初步构建。每个国家（地区）平均拥有的自由贸易协定数量从2000年的10个左右增加至2015年的24个，国家（地区）签署自由贸易协定的峰值超过50个，FTA网络的空间联系已经变得交错复杂。

在FTA网络已经覆盖全球大多数国家的背景下，我们迫切需要对中国自由贸易区网络空间格局以及多元化开放利益等方面重要的理论和现实问题进行深入的研究和分析。本书从经济学理论视角探讨FTA网络的发展及演化模式、利用社会网络工具刻画中国自由贸易区网络的空间结构特征，解析中国FTA网络、全球价值链和多元化开放利益之间的内在联系，探索促进中国自由贸易区网络以及多元化开放利益耦合建设的路径机制。因此本书的研究成果具有重要的理论价值和实践意义。

本书研究期间，党的十九大报告以及习近平总书记的系列讲话对当前中国全面深化改革和扩大开放做了深入阐释，向世界宣示中国高举新时代改革开放旗帜、把改革开放不断推向深入的坚定意志。在此背景下，本书的研究对推动中国的改革开放、积极参与和引领全球的贸易自由化进程、促进中国在新一轮全方位对外开放的过程中成为"全球贸易发展的贡献者"及"国际自由贸易秩序的维护者"等也具有十分重要的现实意义。

---

① 自由贸易协定具体是指政府之间为实现贸易自由化或贸易便利化目标所签署的贸易协定，内容不仅包括货物贸易、服务贸易，还涉及投资、人员流动、货币金融、政府采购、知识产权保护、环境保护、标准化等诸多领域。在WTO的框架下，优惠贸易安排（Preferential Trade Agreement，PTA）、自由贸易区（Free Trade Area，FTA）、关税同盟（Customs Union，CU）等均涵盖在区域自由贸易协定中。本书中涉及的自由贸易区范畴也比较宽泛，不仅限于传统意义上的FTA，与WTO中"区域自由贸易协定"范畴大致相当，在其中FTA比例最高，约占全部自由贸易协议的84%。

第二节 研究思路、内容及方法

一、研究思路

本书的主要研究思路如图 1-1 所示。

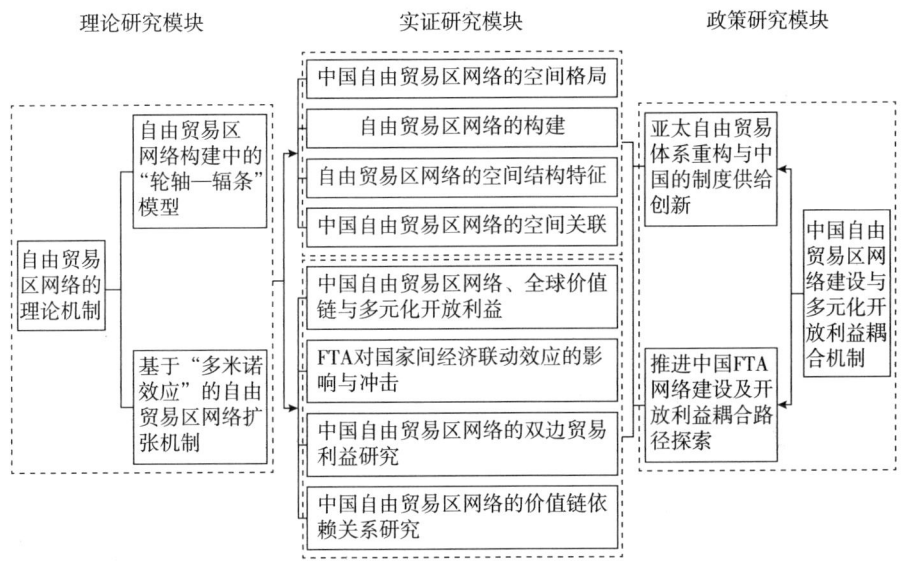

图 1-1 本书研究思路及框架

二、研究内容

笔者在对自由贸易区相关研究文献进行梳理的基础上展开一系列研究，具体研究内容包括：

第一章 绪论。对本书的研究背景及意义、研究思路、主要内容、方法等进行介绍，并对主要研究结论、创新点等进行归纳总结。

第二章　文献综述。对自由贸易区国内外研究现状进行概括，并对自由贸易区网络的相关研究进行梳理与评析。

第三章　自由贸易区网络的理论机制。从自由贸易区网络构建的"轮轴—辐条"模型以及网络扩张的"多米诺效应"等方面进行理论建模分析。

第四章　中国自由贸易区网络的空间格局。通过构建全球自由贸易区网络联系数据库，利用社会网络分析工具将自由贸易区网络的演化过程用可视化效果加以呈现，刻画整体网络结构、个体网络空间地位等网络空间结构指标，并进一步分析中国的自由贸易区网络空间关联。

第五章　中国自由贸易区网络、全球价值链与多元化开放利益。剖析三者之间的内在联系，在评估 FTA 对国家间经济联动效应的影响与冲击的同时，剖析中国与 FTA 成员双边贸易利益以及价值链依赖关系。

第六章　中国自由贸易区网络建设与多元化开放利益耦合机制。从亚太自由贸易体系重构与中国的制度供给创新以及进一步扩大开放等方面提出推进中国 FTA 网络建设及开放利益耦合路径探索建议。

三、研究方法

本书综合集成多种研究方法，遵循"规范研究、定量的科学分析与综合集成相统一"的一般方法论原则，采用规范的理论与实证研究方法，主要包括理论模型构建、实践数据分析、实证检验和政策建议。在研究的过程中，总体而言采用顺序展开、结果相互验证、相互补充、逐步具体化的方法进行。在理论部分，通过对自由贸易区网络构建的"轮轴—辐条"模式以及扩张过程中产生的"多米诺效应"建立规范的经济学理论模型进行数理分析。在实证部分，不仅通过社会网络工具对中国自由贸易区网络空间结构特征进行量化研究，而且通过基于全球价值链的贸易分解方法以及 GDP 生产分解框架对自由贸易区网络中的双边贸易利益以及价值链依赖关系进行深入研究，也利用计量经济学分析工具评估了 FTA 对国家间经济联动效应的影响与冲击。

此外，本书还通过文献分析法，在收集、翻译、整理大量国内外资料及文献的前提下，对研究内容加以对比分析以及归纳总结，形成对研究对象的科学认识。

第一章 绪 论

第三节　研究主要结论、创新点及进一步研究展望

一、研究主要结论

（一）理论研究

在"轮轴—辐条"理论分析过程中，通过构建三国两要素两种产品的模型，发现此时双边 FTA 的贸易流量要高于多边自由贸易情形。在"轮轴—辐条"模式下，总体而言轮轴国的贸易获益要高于辐条国。一国在不同自由贸易体系中贸易利益从高到低依次为轮轴国、双边 FTA、多边自由贸易体系以及辐条国。同样作为轮轴国，贸易小国获益要高于贸易大国。

"多米诺效应"研究方面，分别从基准情形、单一外部 FTA、双外部 FTA 等方面构建理论模型对自由贸易区扩张机制进行研究和分析，着重讨论外部 FTA 协议对正在进行 FTA 谈判双方的影响。研究发现，市场规模、边际生产成本及双边间的运输成本（运费和关税）是影响 FTA 谈判的重要因素。与基准情形相比，当存在单一外部 FTA 时，已经和其他国家签署 FTA 的成员方签署 FTA 协议动力增加，而没有外部 FTA 协议成员方签署 FTA 动力则下降。在双外部 FTA 情形下，谈判双方间达成新 FTA 协议动力均增加，继而引发区域间自由贸易网络的不断扩张。

（二）实证研究

1. 中国自由贸易区网络的空间联系

目前中国已与东盟、韩国、澳大利亚、格鲁吉亚、马尔代夫等签署 16 个 FTA 协定，涉及 24 个国家或地区，已经初步构建自由贸易区网络；中国 FTA 协议质量得到大幅提升，不仅现有 FTA 协议实现升级，而且近年来中国与韩国、澳大利亚达成 FTA 协议均涉及服务贸易、知识产权、电子商务等深度开放的内容。

自由贸易区网络空间结构指标——中心性分析的结果表明，中国与其

他国家或地区之间在自由贸易区网络中的空间关联更加紧密，中国以及邻近国家在 FTA 网络中的影响力也在增加，中国在全球 FTA 网络中地位也在上升。块模型分析结果揭示了中国在全球自由贸易区网络的空间联系。第一区块国家在自由贸易区网络中比较活跃，与第二、第四区块国家网络空间联系紧密；第二区块的欧盟国家以及第四区块的美洲国家等不仅具有密切的内部 FTA 网络空间联系，而且还接收来自第一区块国家如以色列、约旦、韩国等国家的溢出效应。中国位于第七区块，该区块的国家在 FTA 空间联系溢出效应方面主要体现在这些区块的内部，区块间的联动效应并不突出。由于第七区块成员均为区域全面经济伙伴关系（RCEP）谈判成员，因此推动 RCEP 谈判对中国的 FTA 网络空间格局也具有重要意义。

2. FTA 对国家间经济联动效应的影响与冲击

以"一带一路"沿线国家为研究对象，考察贸易强度以及 FTA 对国家间经济联动的影响与冲击。研究发现：双边贸易强度并没有显著促进"一带一路"国家间的经济联动；财政政策的促进作用最为显著，外汇储备、货币政策及 FTA 等影响有限。"一带一路"沿线国家应积极构建多元化的贸易合作体系，提高宏观经济政策透明度，实现经济共同繁荣。

3. 中国自由贸易区网络的双边贸易利益分解

从双边贸易利益分解的国内价值角度来看，在中国自由贸易区网络建设初期，大多数国家与中国双边贸易的国内价值部分所占比例下降了，从而总出口中外国价值（垂直专业化）比例加大，表明中国与其他国家在跨国分工合作方面的整体水平也在不断加深。而中国自由贸易区网络化之后，中国与大多数国家双边贸易的国内价值部分所占比例均呈现增加态势，总出口中外国价值（垂直专业化）比例降低，表明当前逆全球化趋势对双边贸易的影响加大，商品生产的跨国分工合作的程度减弱。此外，对自由贸易区网络不同建设阶段情况汇总比较后发现，虽然出口最终品仍为中国参与国际分工获取国内附加价值的主要来源，但已经有所下降；同时在国内附加值中来自中间品出口、被第三国吸收的中间品以及返回并被本国吸收的部分等比例均有所增加。由此可以看出，随着中国自由贸易区网络的逐步构建，中国在全球生产链条中的位置正从下游缓慢上升。

在国外价值分解方面，在中国自由贸易区网络建设之前，中国向澳大利亚和美国出口中隐含的第三国增加值所占比例最高，表明大量第三国增加值通过中国出口到澳大利亚和美国；而在中国自由贸易区网络构建过程中，FTA 成员向中国出口中隐含的来自中国增加值比例大多呈现增加态势，其中韩国的增长最为显著；中国向日本和东盟出口中纯重复计算的比例很高，由于纯重复计算意味着多国间交互进行的中间品贸易较多，因此中国—东盟以及中日之间在跨国生产分工合作的深度要远高于其他国家。

4. 中国自由贸易区网络的价值链依赖关系

在中国自由贸易区网络建设初期，欧盟、美国、东盟、日本等是中国主要的价值链依赖对象；欧盟、美国、中国是东盟主要的价值链依赖对象。在中国自由贸易区网络化阶段，欧盟、美国虽然依然是中国的重要外部价值链依赖来源，但重要性略微有所下降，中国对 FTA 网络成员，尤其是东盟、韩国的内部价值链依赖程度明显增加，而对非 FTA 成员的外部价值链依赖程度相对减弱。

此外，随着中国自由贸易区网络建设的推进，虽然中国还是以简单价值链（GVC）为主来参与国际分工，但复杂价值链（GVC）比例也已经得到了一定程度的提升。

（三）政策研究

1. 亚太自由贸易体系重构与中国的制度供给创新

在现有主要供给方 WTO 提供的制度安排不能有效满足需求的背景下，亚太经济体纷纷达成各种自由贸易安排。新型国际分工格局体现了亚太成员的核心贸易利益。亚太自由贸易制度供给改革目标是建设高标准自由贸易制度，提高亚太自由贸易制度的利用效能。在此过程中，新型国际分工影响着自由贸易规则体系的重构路径。中国应通过加快自由贸易区谈判、以"一带一路"为平台加强新型国际分工合作、建设国内规则的导出机制等参与新贸易规则的制定过程，引领并推动亚太贸易自由化。

2. 以扩大开放推进中国 FTA 网络建设及多元化开放利益的有效实现

首先，自由贸易区协议原产地标准削弱了多边贸易体制下关税优惠的积极影响，为了使中国自由贸易区网络更多地承担多边贸易体制"垫脚石"角色，中国应该合理设置原产地规则标准。在中国的 FTA 协议谈判中可以采取放宽原产地认定标准、允许较高的吸收、累积规则、微量标准，或者允许出口企业在不同标准间进行选择等措施；同时还可以建立 FTA 协议原产地规则库，简化出口原产地证书等的贸易监管程序，降低企业利用 FTA 的实际成本。

其次，当前数字贸易增长迅速，在数字贸易自由化领域，多边及各区域自由贸易协定层次上均存在较大分歧和问题。中国未来在兼顾数字安全等监管方面需求的同时，应该在FTA协议谈判中偏向于采取美式FTA有关数字贸易的开放原则，积极推动WTO规则体系下的数字贸易自由化新议题的谈判，不断拓展中国对外贸易发展新空间。

最后，当前境外经贸合作区逐渐成为其他国家了解中国改革开放的发展理念和经验，推动中国积极参与全球价值链分工、拓展中国开放政策的外溢空间、实现多元化发展利益的重要平台。因此应该在我国FTA谈判中引入"境外经贸合作区建设"条款，提高境外经贸合作区的法律地位；同时将境外经贸合作区、FTA谈判与中国的对外援助项目有机结合，推动中国与FTA网络成员共同实现多元化开放利益的增长，共享中国开放的发展红利。

二、主要创新之处

（1）建立规范的经济学理论模型对自由贸易区网络的构建及扩张机制进行数理分析。在FTA网络构建机制方面，目前很多学者对"轮轴—辐条"进行研究，但文献多集中在"轮轴—辐条"框架下对轮轴国与辐条国进行贸易所造成的福利差异以及辐条国应对策略方面进行分析。我们不仅对"轮轴—辐条"模式、双边FTA、多边自由贸易等不同自由贸易体系下一国贸易获益情况进行对比分析，而且根据轮轴国国家性质，区分贸易大小国讨论轮轴国的福利变化。在"多米诺效应"方面，引入市场规模、边际成本及运输成本等微观因素，演绎影响FTA签署的动力机制，在验证"多米诺效应"的同时给出不同状态下的触发条件。

（2）在中国FTA网络空间格局研究中，一方面，收集、整理全球137个国家1995~2015年双边自由贸易联系情况，构建了涉及范围更广、持续时间更长的全球FTA网络数据库；另一方面，通过社会网络学的研究视角对中国自由贸易区网络空间结构特征以及空间联系进行定量分析，并将自由贸易区整体网络的演化过程用可视化效果加以呈现。

（3）通过基于全球价值链的贸易分解方法以及GDP生产分解框架分别对中国自由贸易区网络构建不同阶段（建设前、初期、网络化）的双边贸易利益以及价值链依赖关系进行深入研究，同时还利用计量经济学分析工具评估了 FTA 对国家间经济联动效应的影响与冲击，以期能够对贸易自由化、全球价值链与中国多元化开放利益之间的内在联系进行深入分析。

三、进一步研究展望

本书已经从理论视角构建起比较完善的模型解释自由贸易区网络化的构建、扩张机制，也整理了覆盖全球主要国家的自由贸易区网络数据库以及大量 FTA 协议文本资料等，掌握了中国自由贸易区网络的基本发展趋势和内在特征，但要对 FTA 网络进行更加深入、全面的观测和分析还需要大量基础数据的收集及整理工作；同时，虽然本书已经对中国自由贸易区网络的贸易利益以及价值链依赖关系进行深入分析，但随着全球政治经济形势的变化，例如逆全球化现象、英国退欧、中美贸易摩擦等新挑战的出现，中国自由贸易区网络建设外部空间的不确定性以及风险性也大为增加，因此仍需对新形势下如何推动中国的自由贸易区网络建设以及实现在更广泛领域、更高层次的开放利益不断进行深入的研究和探讨。

第二章 文献综述

第一节 自由贸易区研究概况①

一、早期自由贸易区理论研究②

经济学的分析表明,成员间达成自由贸易区后,他们的福利状况会发生改变。最初提出自由贸易区会增加成员福利的肯定观点的是斯密(1776)③,他指出"当一个国家通过条约的形式免除了某一国家货物的关税,被免除关税国家或者至少是该国的商人和制造者定会因为其商业受到支持而从该条约中得到巨大利益。"与斯密(1776)不同的是,Taussig(1892)通过两个特殊例子表明一国对其贸易伙伴削减关税后的福利效果

---

① 这里仅涉及自由贸易协定的部分重要研究,邱东晓(2011)从 FTA 政策、福利、成因、谈判过程、组成国家以及对 FDI 以及全球价值链生产的影响等方面对自由贸易协定的重要理论与实证研究进行全面评述。

② 根据经济一体化程度的不同,将双边自由贸易联系分为优惠贸易安排(PTA)、自由贸易区协定(FTA)、关税同盟、共同市场以及经济同盟等多种层次。从数量上看,FTA 数量最多(239 个),约占全球自由贸易协定总数的 84%;关税同盟约占 10%;其他自由贸易协定数量约为总数量的 6%。在全球自由贸易协定体系中,FTA 形式的贸易自由化占据着主导地位。

③ Pomfret Richard. The Economics of Regional Trading Arrangements [M]. Oxford: Oxford University Press, 1997.

是不确定的。第一个例子是美国1876年对夏威夷产的糖提供关税优惠，这一政策对美国糖价影响甚微但使夏威夷的生产商大赚，即产生的福利效应是美国政府关税收入转移至夏威夷的生产者剩余中了；第二个例子是美国政府对澳大利亚羊毛的关税优惠，在该例中由于几乎所有进口羊毛都来自澳大利亚，进口供给弹性很高，导致主要受益者是美国国内消费者。Taussig（1892）通过这两个例子指出，关税削减后的福利分配效应取决于其对价格的影响程度，也就是说取决于出口商的规模。Pomfret（1997）指出，Taussig（1892）的研究可以视为Viner（1950）经典理论的先行者，但其只提出了两种特殊情况，并没有得出一般性的结论。

Torrens（1844）则在一国最优关税的基础上考虑了歧视性贸易政策的福利效应问题。Torrens反对在负贸易条件下的单边关税减让，认为这会使其他国家更倾向于操纵贸易条件，而支持在互惠基础上的双边谈判减让。Torrens拒绝了认为他反对自由贸易的指责，而是强调自由贸易是终极目标，但是过程中会被施加政治影响，"大国可以通过征收最优关税而获益，除非其担心会受到沉重的关税报复。"

进入20世纪初期，学术界关注的重心转移到优惠贸易协定的关税创造效应方面。Haberler（1936）指出，自由贸易区（FTA）的所有成员都会受益，只有贸易被替代的第三方才会受损。对于优惠贸易安排（PTA）采取的具体形式，Haberler（1936）认为，关税同盟要好于其他FTA，因为后者容易出现Taussig（1892）所提到的"夏威夷"式的收入转移情形。此后，贸易壁垒对没有优惠贸易安排产品的影响也逐渐受到重视。由于贸易保护措施被认为是有害的，因此歧视性的贸易政策在学术界受到"攻击"。Gordon（1941，1946）认为，即使歧视性的贸易协定可以削减成员间的贸易壁垒，如果全球进口增长停滞，世界贸易也不会因此而受益。

Viner（1950）的《关税同盟问题》被认为是研究三国FTA模型理论的经典著作。Viner（1950）的结论认为涉及关税减让的贸易协定的福利效果是不确定的，即存在着"贸易创造"与"贸易转移"效应。该理论可以用简单的三国模型来进行说明：假定世界由三个国家组成——H（Home，本国）、P（Partner，伙伴国）和RoW（Rest of World，世界其他国家）。贸易创造效应指的是贸易协定达成后（H与P缔结FTA），成员内部实现自由贸易，原来由其H（或P）国内高成本生产的产品被其伙伴成员进口所替代，成员彼此之间的进口增加，因而"创造"了新的贸易。贸易创造会提高福利，因为它不仅使成员国的消费者能用更低的价格购买到产品，而且使产品的生产更有效率（即从成员内部的低效率的生产国转移至高效率的生产国）。贸易转移效应是指在 FTA 形成之前，H（或 P）从世界其他国家（RoW）进口，但缔结 FTA 之后，贸易转移到成员国内部之间即 H 与 P 的贸易替代了他们与其他国家之间的贸易。贸易替代会导致福利损失，因为产品生产从高效率的 FTA 外部国家转移至其内部。Baldwin（2012）指出，在更一般化的模型中，FTA 形成之后价格会改变，国内生产和进口并存，因而贸易创造和贸易转移效应同时并存。

假定在前面的三国模型中，共有三种产品：1、2、3；每个国家出口两种产品而进口第三种产品，例如 H 出口产品 2、产品 3，进口产品 1（如图 2-1 所示）；假定国家间规模相同、消费者偏好相同且独立可加；初始状态下各国征收最惠国关税（MFN）。①

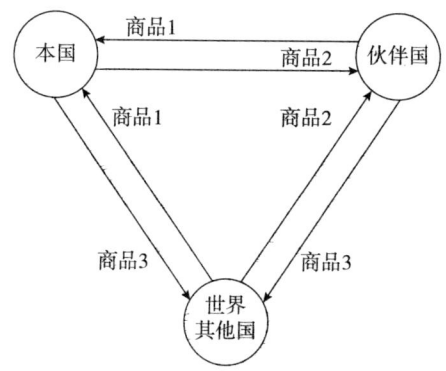

图 2-1 三个国家、三种产品的 FTA 贸易模式

图 2-2 演示了 H（本国）、P（伙伴国）缔结 FTA 后的产品 1 的市场均衡情况（对产品 1 来说，H 为进口国，P、RoW 为出口国）。图 2-2 中图（a）、图（b）分别为出口国 RoW（世界其他国家）、P 的出口供给情况，图（c）为进口国 H 国内产品 1 的市场均衡情况。在图（a）、图（b）中，

---

① Baldwin, Richard. Preferential Trading Arrangements [M] //Amrita Narlikar, Martin Daunton, and Robert Stern (Eds.). The Oxford Handbook on the World Trade Organization. Oxford: Oxford University Press, 2012.

XS 曲线为出口供给曲线，分别用 XS^R 和 XS^P 来表示；在图（c）中，将 XS^R、XS^P 加总得到自由贸易时的进口供给曲线 MS_{FT}，国内市场的进口需求曲线为 MD。

在自由贸易条件下，产品1的均衡价格为 MS_{FT} 与 MD 交点处的价格——P^{FT}。假定初始状态下，每个国家对所有进口产品均征收最惠国关税 T，此时进口供给曲线由 MS_{FT} 向上平移至 MS_{MFN}，从而得到征收最惠国关税条件下产品1在 H 国的价格水平——P，其在 RoW、P 的出口价格则为（P-T）。

接下来考虑 H、P 缔结 FTA① 后的市场均衡变化情况。此时，产品1的进口供给曲线变成了折线 MS_{FTA}，产品1在 H 国的价格变为 P′，RoW 的出口价格从（P-T）下降至（P′-T），P 的出口价格则从（P-T）上升至 P′。因此，RoW 的出口会萎缩，P 的出口则会增加。同样的情形也会发生在产品2的市场均衡中，但产品3的市场均衡不发生变化，因为 RoW 为进口者，而其并没有缔结 FTA。

此外，也可以用图 2-2 将斯密（1776）和 Haberler（1936）描述的 FTA 福利效应表示出来。斯密（1776）认为的 FTA 带来的益处为图（b）中 P 国因产品1的出口扩张而增加了福利（生产者剩余）（a+b）。同时由于对称性的假定，H 国也会因产品2的出口扩张而受益。Haberler（1936）则强调了第三国 RoW 的受损情况，即因出口价格下降导致其福利损失 e。

缔结 FTA 后，世界各国的净福利效应如下：①RoW 为净受损国，其损失是双倍的——在出口产品1到 H 的过程中，其损失了福利 e，而在出口产品2到 P 的过程中，也损失了福利 e。②H 或 P 的净福利则是不确定的。如图 2-3 所示，其中 H 因进口增加而受益的部分为 A；当贸易对象为 RoW 时，因贸易条件变化而带来的福利为 B；当贸易对象为 P 时，因贸易条件变化而造成的损失为（C_1+C_2）。出口方面，H 因在贸易条件变化而获得的收益为（D_1+D_2），从而可以抵消部分进口方面因贸易条件而造成的损失（$D_1=C_1$）。因此综合起来，H 的净福利效果为（$A+B+D_2-C_2$）。② Baldwin 和 Venables（1995）研究表明，H 或 P 的净福利是不确定的，如果最初的最惠国关税足够高，就会出现缔结 FTA 后成员福利水平下降的情形。

---

① 根据国家间对称性的假定，此时缔结的 FTA 自动成为一个关税同盟。
② Baldwin（2012）指出，如果忽略因与第三国贸易带来的贸易条件变化的收益 B，可以将 $A+D_2$ 视为贸易创造效应，而 C_2 则可以被视为贸易转移效应。

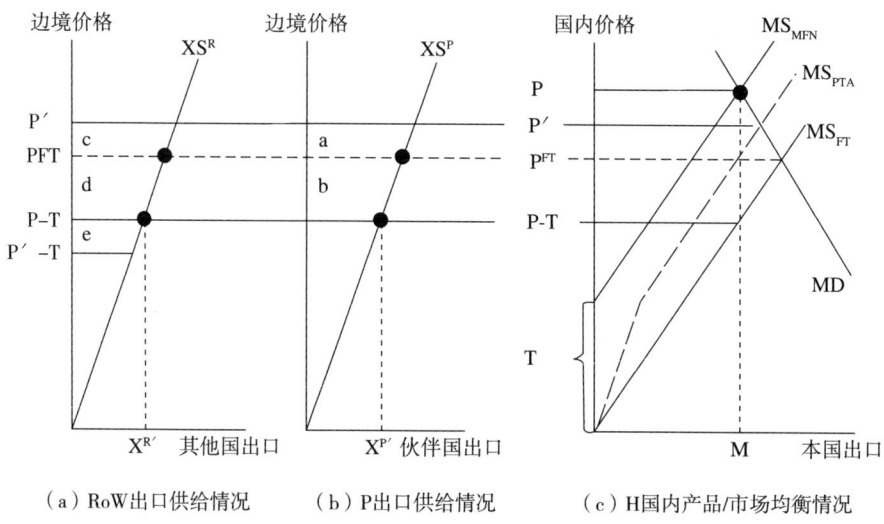

（a）RoW出口供给情况　　（b）P出口供给情况　　（c）H国内产品/市场均衡情况

图 2-2　缔结 FTA 后世界市场均衡情况

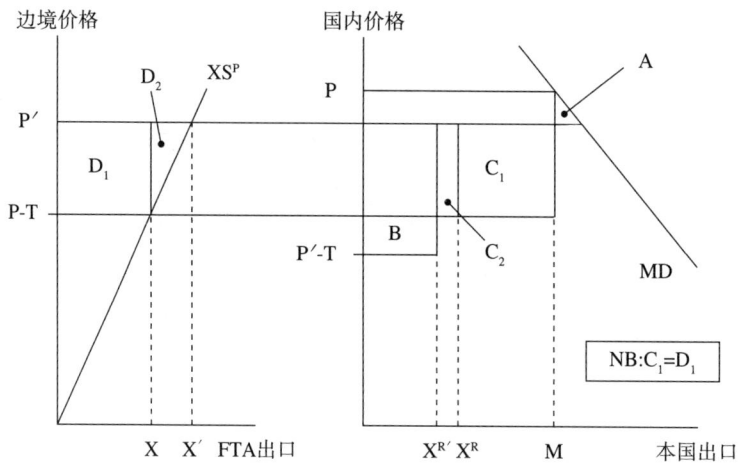

图 2-3　缔结 FTA 后成员的净福利效应

二、FTA 对国际贸易的影响

在自由贸易区对国际贸易影响方面，Kohl，Brakman 和 Garretsen（2016）对 296 个贸易协定进行了综合研究，结果发现这些自由贸易区均不同程度地促进贸易增长。具体来说，深度一体化的自由贸易区期望超越自由贸易，实现更广泛的一体化，对贸易流量和收入产生正面效应（Schiff & Winters，2003；World Bank，2005）；反之，受政治经济因素驱动的自由贸易区则对贸易流量影响较少，甚至没有正面冲击（Bhagwati & Panagariya，1996；Eicher et al.，2011）。因此自由贸易区并非同质的，其对成员贸易效应取决于成员的经济特性以及一体化程度（World Trade Organization，2011）。那么，自由贸易区带来的贸易增加究竟是贸易创造还是贸易转移效应？学界对此存在较大争论。Frankel 等（1995）发现 20 世纪 70 年代至 90 年代欧洲贸易自由化带来的主要影响是贸易创造效应。Lee 和 Park（2005）以及 Carrere（2006）的研究进一步支持自由贸易区的贸易创造效应。但 Rauch（1999）认为，欧洲自由贸易区产生显著的贸易转移效应。Ghosh 和 Yamarik（2004）指出，自由贸易区的贸易创造以及贸易转移效应皆不明显。Reyes，Wooster 和 Shirrell（2014）评估自由贸易区对双边贸易流量的影响。他们的研究表明，自由贸易区的冲击具有阶段性的特点：1980~1986 年以及 1990~1996 年两个时段 FTA 作用明显；而 1986~1990 年以及 1997~2000 年时段里 FTA 的作用并不突出。

三、FTA 动因研究

传统贸易理论指出，尽管背离 WTO 的多边贸易自由化准则，自由贸易区不仅可以增加成员福利，外部国家也没有因此而受损，因而全球福利得以增加，这成为自由贸易区的初始动因（Kemp & Wan，1976）。传统贸易理论认为，对于单边贸易政策来说，政府的干预主要有两类驱动因素：贸易条件以及选票（Grossman & Helpman，1995）。贸易大国可以通过自由贸易区将最优关税的负外部性效应内部化，从而改善其贸易条件，而互惠的多边贸易体制（GATT/WTO）可以阻止贸易大国出于改善自身福利目的"操纵"贸易条件（Bagwell & Staiger，2001）。此外，参与自由贸易区也是政府应对国内政策改革的一种机制（Maggi & Rodriguez-Clare，2007）。例如在墨西哥加入北美自由贸易区（NAFTA）的过程中，墨西哥谈判代表们并不在意确保互相之间以及与谈判伙伴的利益交换，而是更急于对贸易伙伴做出单边减让，显然是出于"锁定"国内政策改革成果的考虑（Whalley，1998）。而中国"入世"在某种程度上也具有类似效应（Bajona and Chu，2010）。

新贸易理论则基于新外部性、不确定性等视角提出自由贸易区的新动因。新外部性包括公司迁移外部性、利润转移外部性以及贸易额外部性等。公司迁移外部性是指当一国政府对进口产品征收关税时，如果市场可以自由进入，会导致外国企业的退出和本国企业的进入，从而有利于进口国（Ossa，2011；Bagwell & Staiger，2012）。同理，在非合作博弈条件下，利润转移外部性、贸易额外部性等都会导致进口国受益、出口国受损局面的出现，这些以邻为壑的做法自然导致高关税均衡，合作博弈的自由贸易区则能有效降低关税水平（Mrazova，2011；Ossa，2012）。此外，Limão与Maggi（2015）、Limão（2016）从贸易政策的不确定角度对国家参与自由贸易区的动机及福利效应进行了研究，他们的研究表明自由贸易区不会改变贸易壁垒的水平，但可以对贸易壁垒的分布产生影响，强调减少贸易政策的不确定性也是自由贸易区的动因。除了上述理论动因，实践中为争取贸易竞争中的有利地位、减少贸易壁垒、密切国家间经贸关系，越来越多的国家（尤其是发展中国家）开始推动自由贸易区的谈判。自由贸易区战略也成为我国对外开放战略升级的首选（张幼文，2008）。

第二节　自由贸易区网络研究综述

一、自由贸易区网络构建研究

（一）"轮轴—辐条"理论

Wonnacott（1975）最先将"轮轴—辐条"（Hub-and-Spoke）概念引

入国际贸易研究框架。Hutbauer 和 Schott（1993）正式提出自由贸易区网络构建的"轮轴—辐条"模型，该模型由一个处于自由贸易区网络中心地位的轮轴国和多个辐条国构成。轮轴国与辐条国之间签订自由贸易区（FTA），诸多辐条国之间无优惠贸易协定，轮轴国产品可以优惠条件进入辐条国市场，辐条国产品却因原产地规则的限制无法自由进入其他辐条国市场。

1. 理论研究

早期学者的研究致力于"轮轴—辐条"模式对贸易、福利所产生影响。Kowalcyzk 和 Wonnacott（1992）发现在完全竞争条件下，"轮轴—辐条"模式导致辐条国发生贸易转移，因而轮轴国得到的福利要大于辐条国。Krugman（1993），Puga 和 Venables（1997）等从产业集聚角度得出轮轴国获益更大的结论。Puga 和 Venables（1997）以核心—边缘模型①为基础研究"轮轴—辐条"型 FTA 的产业区位问题，他们指出不完全竞争企业之间的投入产出联系放大了将工业生产带入轮轴国的效应，牺牲了辐条国的利益。

Deltas，Desmet 和 Facchini（2006）从要素禀赋差异出发建立三国模型，发现从"轮轴—辐条"模式到实现自由贸易，轮轴国福利会下降。成新轩、张玉柯（2006）建立了一个包括轮轴国、两个辐条国及域外国等在内的四国"轮轴—辐条"模型，运用无限次重复博弈，指出轮轴国拥有特殊优势，产生产业凝聚化效应，而辐条国会面临产业的分散化。他们还发现重叠的自由贸易区中由于原产地规则复杂，对外保护程度较高，违反协议的损失较大，因此具有自我执行的性质。东艳（2006）以"古诺竞争"模型为基础构建起包括轮轴国、辐条国、外部国家在内的多国产业内贸易模型，指出"轮轴—辐条"模式增加轮轴国福利，但会降低辐条国的福利；辐条国不断扩张的动力和外部国家加入该体系的动力使辐条国数量进一步扩张，利益进一步向轮轴国发生转移，这会降低世界总福利水平。同时，还在该模型框架下，对中国在东亚区域经济一体化中可能达成的"轮轴—辐条"模式进行了探索。孙玉红（2008）对"轮轴—辐条"结构进行量化分析，运用 H-O-A 模型，考察由要素禀赋差异所引起的比较优势与

---

① "核心—边缘"模型通过数理分析表明，一个最初具有对称结构的经济系统通过制造业人口的迁移内生地演化为工业核心区和农业边缘区。

"轮轴—辐条"模式中 FTA 成员的福利关系,解释各国争当轮轴国以及原辐条国进一步缔结 FTA 的动力来源。邓慧慧、桑百川(2012)则建立多国垄断竞争模型,分析轮轴国与辐条国之间的福利效应,指出轮轴国福利水平最高,且随着辐条国的增多而增加,辐条国的情况与之相反。Yildiz, Halis Murat(2012)则建立非对称成本多国垄断竞争模型,考察当轮轴国的效率高于辐条国时各国以及世界的福利水平。他们指出,"轮轴—辐条"模式相较于自由贸易,轮轴国可以辐条国的损失为代价获益;同时,如果轮轴国的效率高于辐条国,那么轮轴国的存在有助于将更大比例的世界产出分配到低成本地区,从而使全球的福利水平获得提高。

此外,学者在"轮轴—辐条"模型福利效应研究的基础上也进行了拓展。Benedicits, Santis 和 Vicarelli(2005)指出辐条国家之间签订自由贸易区可以改变原有的"轮轴—辐条"模式。Deltas 等(2012)等通过改变商品在不同市场上的关税、价格关系来模拟不同的 FTA 形式,比较"轮轴—辐条"模式、双边 FTA、多边 FTA 等对一国贸易流量的影响。他们发现轮轴国、双边 FTA 成员、多边 FTA 成员、辐条国等在贸易自由化过程中得到的贸易优势依次递减。

这些理论文献表明"轮轴—辐条"模式有利于轮轴国,而对辐条国则会产生消极影响。但 Lloyd 和 MacLaren(2004)的相关研究也指出,复杂的原产地规则可能会增加轮轴国的贸易成本,从而可能会限制贸易创造效应的规模。

2. 实证研究

(1)福利效应分析。Wonnacott(1996)和 Busse(2000)分别使用"轮轴—辐条"模式的概念来研究美国的贸易政策,美国—加拿大—欧盟的贸易关系以及欧盟贸易政策的"轮轴—辐条"战略。他们强调应该确保贸易自由化不再陷入僵局,这样才能加强自由贸易体系的信心,减少优惠协议的诱惑性。Baldwin(1994,2003)分析"轮轴—辐条"模式对经济的不利影响,探讨东亚合作中如何避免成为辐条国。Benedictis, Santis 和 Vicarelli(2005)对欧盟15国以及中东欧国家间的情况进行了研究,指出辐条国家间签订自由贸易区可以打破"轮轴—辐条"模式。东艳(2006)选取墨西哥及其 FTA 贸易伙伴为研究对象,分析"轮轴—辐条"模式影响出口的程度。分析表明,"轮轴—辐条"模式在出口利益分配上有不均衡性,对轮轴国有利,对辐条国不利。何剑、孙玉红(2008)考察全球 FTA

网络化以及"轮轴—辐条"模式的经济影响，指出轮轴国出于对自身利益最大化的追求有可能成为全球多边贸易自由化的阻力，FTA 网络化的动态发展将引发各国外贸政策的互动。

此外，Jiyun Cao（2015）利用 249 对经济体 2005~2011 年的数据，对"轮轴—辐条"模式下两国达成 FTA 的影响因素进行研究。分析结果表明，"轮轴—辐条"模式以及谋求轮轴国地位是建立 FTA 的两个重要决定因素，对响应概率有更大的偏效应；同时，语言等文化因素相同以及要素禀赋差异大的国家更易达成 FTA。

（2）贸易流量效应分析。Chong 和 Hur（2008）利用可计算一般均衡模型计算一个小型轮轴国（新加坡）和大型辐条国（美国和日本）的福利回报。Baldwin 等（2009）研究东亚地区的"轮轴—辐条"模式，强调其对经济活动的空间分布具有重要影响。Lee，Park 和 Shin（2008）则研究交叉重叠化的自由贸易区的贸易效应，发现重叠化的区域自由贸易协定由于贸易转移效应占据主流而不利于世界贸易。Hur，Alba 和 Park（2010）在 Baier 及 Bergstrand（2007）的基础上，选取 96 个国家 1960~2000 年数据，区分"轮轴—辐条"模式下的自由贸易区以及非重叠化自由贸易区带来的出口扩张效应。他们的实证结果表明，贸易自由化带来的出口扩张总效应为年均增长率 5.57%，其中来自非重叠化的自由贸易区的增长率约为4.1%，而"轮轴—辐条"模式下带来的贸易增长率约为 1.45%。因此，他们指出"轮轴—辐条"模式对 FTA 成员的贸易流量产生积极影响。Deltas，Desmet 和 Facchini（2012）从 Rose（2004）的数据中选取 1950~1997 年涉及以色列的国家对，共计 3755 个观测样本考察以色列作为轮轴国的影响，他们发现，以色列 1985 年与美国签订的自由贸易区使其成为美国和欧盟之间的轮轴国，轮轴国的优势地位使以色列和欧盟之间的贸易量增长了 29%。这表明，"轮轴—辐条"效应不仅在统计学上显著，在经济上也很重要。

综合来看，"轮轴—辐条"模式是自由贸易区网络构建的重要方式。在"轮轴—辐条"模式下轮轴国的福利和贸易流量都会获得提升，而辐条国则会遭受损失。

（二）"多米诺效应"理论

Baldwin（1993）在 20 世纪 90 年代初欧洲区域贸易自由化的研究中，

最先提出"多米诺效应"的理论解释。Baldwin（1993）基于垄断竞争模型的研究指出，关税同盟带来的贸易转移可以激励先前不愿加入同盟的国家加入，这种经济激励还会随着关税同盟规模的扩大而递增。如果关税同盟的规模随着时间的推移不断扩大，那么这一看似单一的区域性事件就可能引发一场"多米诺骨牌"式的连锁反应，其中每一场扩张都可能触发新的反应，最终结果可能是全球自由贸易。关税同盟的签署或深化可能引致非成员国也加入关税同盟，非成员国将加入关税同盟视为防御歧视的一种方式，这样第二轮区域化将会创造新的贸易转移，导致更多的非成员国寻求加入，即关税同盟的形成会影响到外部国家加入同盟的意愿，因而被称作"区域化的多米诺理论"，这成为研究两国间不同 FTA 关系对 FTA 签订意愿影响的雏形。

在 Baldwin 提出"多米诺效应理论"之后，国内外学者对此进行了实证检验。针对欧盟的文献研究大多支持 FTA "多米诺效应"的存在。例如 Sapir（1997）使用欧洲数据检验欧盟对非成员国的贸易转移效应。研究发现日益增长的贸易转移导致了欧盟的扩张，从而表明存在"多米诺效应"。宋伟（2005）研究欧洲区域经济合作的进程，认为欧共体的建立触动了"多米诺骨牌"，欧盟通过组织扩大以及同组织外的国家签订贸易协定来实现自由贸易范围扩大的方式符合"多米诺效应"。Baldwin 和 Rieder（2007）的研究分为两个阶段，第一阶段与 Sapir（1997）类似，考察 1960~2004 年欧盟贸易创造和转移，结果表明贸易转移对成员国的影响比贸易创造更强大；第二阶段建立贸易转移与加入欧盟的可能性关系的线性概率模型，结果表明贸易创造和转移越多，"多米诺效应"越强。Egger 及 Larch（2008）利用 1955~2005 年的数据进行空间计量，验证了"多米诺理论"的存在，他们认为当已有的 FTA 扩张时，外部国家更可能在未来加入这些 FTA。他们还发现现有的证据也支持"浪潮理论"，而"多米诺效应"强于"浪潮效应"，即外部国家加入已有 FTA 的动力强于形成新 FTA 的动力。

Egger 和 Larch（2008）运用空间计量模型最先对"多米诺效应"进行验证，他们在研究中区分了扩大的 FTA 以及新的 FTA，研究结果表明其他国家 k、国家 l 之间 FTA 协议会增加国家 i、国家 j 之间达成 FTA 的可能性（FTA_{ij}）。Baldwin 和 Jaimovich（2012）对 1976~2005 年 113 个国家自由贸易协议进行了计量分析，认为自由贸易区具有传染性，并引入"传染指数",发现第三方的行为会传染到一国加入FTA的意愿,使其转变之前不愿意加入FTA的意愿。在此基础上,Baier,Bergstrand和Mariutto(2014)将自由贸易区网络第三国效应细分为两类——FTA交叉效应(Cross-FTA Effect,其他国家k、国家l之间FTA的数量对FTA_{ij}的影响)、FTA自身效应(Own-FTA Effect,国家i、国家j与第三国k有FTA协议时,对FTA_{ij}的影响,即"多米诺效应")。他们的研究结果表明,"多米诺效应"占FTA网络第三国效应的绝大部分,其对FTA_{ij}的影响大约是FTA交叉效应的50倍。

在"多米诺效应"的触发条件方面,较早的文献来自Krishna(1998)和Freund(2002)的研究,两者都基于Brander-Krugman模型。Krishna(1998)指出,规模相近的国家更容易签订自由贸易区,在发生贸易转移时更是如此。Freund(2002)认为,只有国家间的最惠国关税低于最优关税水平,各国才会签订自由贸易区。Aghion等(2007)假设一国作为无可争议的主导,国家之间可以进行零成本的无限制转移,使用合作博弈理论来分析FTA的形成,他们将FTA的建立视为国家之间谈判的结果。考虑FTA谈判双方之一向第三方提出FTA谈判建议,第三国决定是接受还是拒绝,他们认为在此模式下很有可能产生"多米诺效应"。Chen和Joshi(2010)运用国家福利函数构建了一个三国模型研究签订FTA的动机和触发"多米诺效应"的条件。他们研究发现,签订FTA的动机在很大程度上取决于两国分别与第三国已建立的FTA关系,这种关系差异会影响两国之间达成FTA协议的意愿程度。周华等(2013)构建一个两部门垄断竞争模型对一国签订FTA的意愿进行排序。他们发现,FTA谈判双方中如果一方已与第三国存在FTA联系,那么该国会明显倾向建立新的FTA,而不存在其他FTA联系的另一方的签订意愿则取决于两国双边贸易的紧密度。

二、自由贸易区网络格局研究

随着自由贸易区协定的纷纷签署及生效,自由贸易区碎片化、重叠化特征日益明显,学者开始采用网络动态学的理论和方法来对国际贸易以及自由贸易区网络格局进行整体分析。网络动态学的研究范式,作为一种新兴研究方向,起源于20世纪末期Watts和Strogats(1998)以及Barabási和Albert(1999)的两项开创性研究。前者提出"小世界"网络模型,描述完全规则网到完全随机网的转变特征;后者则指出在现实世界中的网络属于"无标度"网络。小世界网络与无标度网络的发现，使网络动态学在国际贸易领域应用的适用性和科学性大为增加。例如 Wilhite（2001）验证国家间双边贸易网络具备"小世界"特征；Serrano 和 Boguñá（2003）也发现国际贸易网络具有无标度和小世界属性等特征。

国际贸易网络动态学研究是利用网络动态理论的分析工具，对国家间贸易网络的结构特征、网络地位、影响因素、效应以及形成机制等进行全面分析。马述忠等（2016）指出，网络动态分析能够从全局视角对贸易网络特征进行识别，且其在国际问题领域中有较好的适用性与科学性，成为研究国际贸易及其他经济体系的新型工具。例如针对世界贸易网络中核心—边缘结构，Snyder 和 Kick（1979）用 1965 年的贸易数据构建了无权网络，把 118 个国家分成核心、半核心与边缘国家，并指出核心国家几乎都是 OECD 成员国。Smith 和 White（1992）则比较了 1965 年、1970 年与 1980 年的核心—边缘结构，研究指出核心国家随时间推移越来越多。Serrano 和 Boguñá（2003）也将网络动态学分析法应用到全球贸易网络经验特征的分析当中，并对贸易网络的拓扑结构特征（包括度分布、中心性、最短路径等）进行识别。他们认为，全球贸易的实证基础是各国的贸易关系，传统研究方法难以描述国家贸易分布及凝聚度等特征。贸易网络结构特征类研究拓宽了学界对于世界贸易格局的认识，但不能解释多种网络之间的交互影响，亦不足以说明贸易网络的生成机制。Garlaschelli 和 Loffredo（2004，2005）分析指出世界贸易网络是一个负向匹配网络，即点度数高的国家倾向于与点度数低的国家发生贸易关系，并且聚集系数与点度数之间也是负向关系。并将有向加权网络引入对全球贸易网络动态演变的分析当中。相比于无权贸易网络，有向加权网络的应用能够对全球贸易网络的关键属性提供更为完整的描述（Squartini et al.，2011）。Fagiolo 等（2008，2009）的研究表明加权网络分析结果与无权网络分析结果存在差异，加权世界贸易网络的点强度呈右偏分布，而无权网络中的点度数呈左偏分布。Bhattacharya 等（2008）的研究指出控制世界一半贸易所需的国家数在减少。Fagiolo 等（2010）采用加权网络方法研究了 1981~2000 年共 159 个国家的世界贸易网络的统计特征及其动态变化，指出大多数国家的贸易关系很弱，而有一些国家却具有很强的贸易关系，贸易关系紧密的国家倾向于与贸易关系松散的国家发生贸易关系，富裕的国家贸易强度大且聚集系数高。

近年来，国内学者也逐步开始运用网络动态学的方法对国际贸易问题进行相关研究。段文奇等（2008）系统分析了1950~2000年国际贸易网络的拓扑结构特征，认为国际贸易网络拓扑结构的异质性在不断下降。陈银飞（2011）、王开（2013）等对21世纪以来的贸易网络拓扑结构特征做了进一步研究。胡平等（2012）则建立了有向加权网络演化模型，并对其进行解析推导，分析了国际贸易网络的演化机制。刘建（2013）、张春博等（2015）、马述忠等（2016）对原油、国际航空航天产品以及农产品等产品贸易网络结构特征进行了研究。他们的研究指出，法国、美国、德国和加拿大是国际贸易流量网络枢纽（法国和德国是核心国家），中国、巴西等新兴国家贸易网络地位得到提升。郝晓晴等（2013）、程淑佳等（2013）、董迪等（2016）以及许和连等（2015）以及许和连、孙天阳（2014）等则对铁矿石、原油、铜矿石以及制造业等分行业贸易网络特征、网络格局及影响因素进行研究。姚星、吴钢等（2016）基于全球产业支撑网络的视角引入本国附加值率指标，对2004~2013年中国服务贸易网络结构动态演化进行了研究。

需要指出的是，现有贸易网络动态学的研究主要集中在国际贸易网络的相关方面，FTA网络动态学研究方面文献并不多见，仅王开、靳玉英（2013）对1995~2010年FTA网络的形成机制进行研究。他们利用网络动态学方法构建全球FTA网络并且对其网络特征进行描述性统计和分析，并且利用离散选择模型进行估计，结果表明除地理、经济因素外网络结构特征是FTA网络形成与演化的重要因素。

第三章 自由贸易区网络的理论机制

第一节 自由贸易区网络构建中的"轮轴—辐条"模型

一、模型基本假设①

假定世界由三个同质的国家组成,分别由上角标 $j=N,S,M$ 表示;三种代表性商品,分别由下角标 $i=1,2,3$ 表示。

国家 N,S,M 的资本禀赋如下:

$$\{K_1^N, K_2^N, K_3^N\} = \gamma^N (1+\alpha, 1, 1)$$
$$\{K_1^S, K_2^S, K_3^S\} = \gamma^S (1, 1+\alpha, 1) \qquad (3-1)$$
$$\{K_1^M, K_2^M, K_3^M\} = \gamma^M (1, 1, 1+\alpha)$$

---

① "轮轴—辐条"模型参考了 George Deltas, Klaus Desmet 和 Giovanni Facchini (2012) 的做法。具体说来,Detlas 等 (2012) 假定轮轴、辐条国家大小是相同的或者说是对称的,而我们则增加了原产地规则约束以及分别按照小国作为轮轴国、大国是轮轴国两种情况加以分析和讨论。结果发现,当小国作为轮轴国时,其在不同自由贸易体系中贸易利益从高到低的顺序为轮轴国>双边FTA>多边自由贸易体系>辐条国;当大国作为轮轴国时,其在不同自由贸易体系中综合贸易利益排序虽然没有发生改变,但其作为轮轴国的获益却低于小国情形。

其中，K 为资本禀赋，γ^j 反映了 j 国的劳动力水平，因此 N，S，M 对商品 1，2，3 分别具有比较优势。

代表性商品 i 的生产函数为：

$$Q_i^j = \gamma^j L_i^{j\beta} K_i^{j(1-\beta)} \tag{3-2}$$

Q_i^j 是 j 国 i 商品的总产出，β 为生产技术水平，0<β<1；劳动要素 L 和资本要素 K 都不能在国家间流动。

假定所有国家消费者效用函数相同，即：

$$U(c_1, c_2, c_3) = c_1 c_2 c_3 \tag{3-3}$$

假定劳动要素可以在一国的三个部门之间自由流动，因此，国家 j 的工资报酬为：

$$\omega^j = P \times MP = q_1^j \gamma^j \beta L_1^{j(\beta-1)} K_1^{j(1-\beta)} = q_2^j \gamma^j \beta L_2^{j(\beta-1)} K_2^{j(1-\beta)} = q_3^j \gamma^j \beta L_3^{j(\beta-1)} K_3^{j(1-\beta)} \tag{3-4}$$

假定劳动力市场出清，令

$$\gamma^j = L_1^j + L_2^j + L_3^j \tag{3-5}$$

贸易壁垒采用"冰山"形式，关税为 τ^{jk}，从 j 到 k 运 1 单位商品，需要装船 $1+\tau^{jk}$ 单位。

j 国国民总收入方程：

$$I^j = q_1^j Q_1^j + q_2^j Q_2^j + q_3^j Q_3^j \tag{3-6}$$

当消费者效用最大化时，j 国 i 商品的消费总量为：

$$C_i^j = \frac{I^j}{3p_i^j} \tag{3-7}①$$

二、双边 FTA 及多边自由贸易体系

假定每个国家只向其他国家出口一种产品，在没有轮轴国时，各国消费者支付价格等于生产者得到的价格，令

$q_i^j = p_i^j$

（一）双边 FTA

假定 M 国与 N 国建立 FTA，实现自由贸易，即 M 国和 N 国的消费者

---

① 式（3-4）和式（3-7）的推导见注释 1 和注释 2。

购买商品价格相同，即 $p_i^M = p_i^N$

令

$$p_1^M = p_1^N = 1 \quad (3-8)$$

M 国和 N 国从 S 国进口商品 2，得：

$$p_2^M = p_2^N = p_2^S(1+\tau)$$

M 国向 S 国出口商品 3，得：

$$p_3^S = p_3^M(1+\tau)$$

进行简化得：

$$p_2^S = p_2, \quad p_3^M = p_3$$

整理可得：

$$p_1^M = p_1^N = 1, \quad p_1^S = 1+\tau$$

$$p_2^S = p_2, \quad p_2^M = p_2^N = p_2(1+\tau) \quad (3-9)$$

$$p_3^M = p_3, \quad p_3^S = p_3(1+\tau)$$

各国贸易均衡时，

N：出口商品 1，从 M 国进口商品 3，从 S 国进口商品 2。

$$(1+\tau)(C_1^S - Q_1^S) + (C_1^M - Q_1^M) = p_3(C_3^N - Q_3^N) + p_2(1+\tau)(C_2^N - Q_2^N) \quad (3-10)$$

S：出口商品 2，从 N 国进口商品 1，从 M 国进口商品 3。

$$p_2(1+\tau)(C_2^N - Q_2^N + C_2^M - Q_2^M) = (1+\tau)(C_1^S - Q_1^S) + p_3(1+\tau)(C_3^S - Q_3^S) \quad (3-11)$$

M：出口 3，从 N 国进口商品 1，从 S 国进口商品 2。

$$p_3(C_3^N - Q_3^N) + p_3(1+\tau)(C_3^S - Q_3^S) = (C_1^M - Q_1^M) + p_2(1+\tau)(C_2^M - Q_2^M) \quad (3-12)$$

用向量 $(C_i^j, Q_i^j, L_i^j, p_i^j, q_i^j)$ 表示上述双边 FTA 均衡的情况。其中，$i=(1, 2, 3)$；$j=(N, S, M)$；令 $\tau^{NM} = \tau^{MN} = 1$，$\tau^{NS} = \tau^{SN} = \tau^{MS} = \tau > 1$；向量满足式（3-2）、式（3-4）、式（3-5）、式（3-6）、式（3-7）、式（3-8）、式（3-9）、式（3-10）、式（3-11）、式（3-12）。用 x^{jk} 表示 j 出口到 k 的价值。

贸易伙伴国 N 与 M 的贸易流量可以用 N 与 M 的贸易额占 M 国 GDP 的比重 $\frac{x^{NM}}{I^M}$ 表示，双边 FTA 均衡时 N 国与 M 国间贸易流量为：

$$\frac{x^{NM}}{I^M} = \frac{1}{3} - \frac{1}{1 + [p_2(1+\tau)]^{\frac{1}{1-\beta}} + (1+\alpha) p_3^{\frac{1}{1-\beta}}} \quad (3-13)①$$

---

① 式（3-13）的推导见注释 3。

(二) 多边自由贸易体系

在多边自由贸易情况下,即 M、N、S 之间的贸易壁垒均为 0,在其他条件不变的情况下,均衡时 N 国与 M 国之间的贸易流量为:

$$\frac{x^{NM}}{I^M} = \frac{1}{3} \cdot \frac{1}{1+p_2^{\frac{1}{1-\beta}} + (1+\alpha) \, p_3^{\frac{1}{1-\beta}}} \tag{3-14}$$

由式 (3-13) > 式 (3-14) 可知,对于 M 国而言,N 国与 M 国在双边 FTA 情况下的贸易流量要高于多边自由贸易体系情形。

三、"轮轴—辐条"模式

在"轮轴—辐条"模式下,我们将 M 国作为轮轴国,N 国和 S 国作为辐条国,即 M 国与 N 国、S 国分别达成双边 FTA 协议,N 国与 S 国之间不存在 FTA。同时我们增加了新假定以及原产地约束条件。

(一) 原产地规则约束

j 国的生产者每出售 1 单位 i 商品可获得 q_i^j,j 国的消费者每购买 1 单位 i 商品需支付 p_i^j。因为我们将考虑具有原产地规则约束的 FTA,所以 q_i^j 与 p_i^j 是不同的,例如 M 从 N 国进口 1 商品的价格为 p_1^M,M 国向 S 国出口的价格为 q_1^M,则有 $p_1^M \neq q_1^M$,因为 M 国和 N 国生产商品 1 的比较优势不同。

(二) 区分贸易大国和小国

以 M 所生产的商品 1 是否可以满足 S 国的消费量为区分贸易大国和贸易小国的标准。当 M 是小国时,M 国生产的商品 1 不能完全满足 S 国的需求,此时,S 国对商品 1 的消费有三个来源:S 国自己生产的,从 M 国进口的以及从 N 国进口的商品 1;当 M 是大国时,M 国生产的商品 1 可以满足 S 国的需求,同时,大国由于出口量较大,因此可以影响国际均衡价格。此时,S 国对商品 1 的消费只有两个来源:S 国自己生产的和从 M 国进口的商品 1。

1. 小国作为轮轴(假定 M 是小国)

M 作为轮轴国,以 1 单位价格从 N 进口商品 1,同时以 (1+τ) 单位价格向 S 出口商品 1。

由于原产地规则的存在，M 国可以通过贸易进行间接套利。商品 1 在 S 的价格将高于在 M 的价格：$p_1^S = q_1^M > p_1^M$。因为轮轴国 M 有两个 FTA，将其标准化，有 $p_1^N = p_1^M = p_1 = 1$，$p_2^S = p_2^M = p_2$；M 国买商品 2 的价格为 S 国的卖价 p_2，但可以将商品 2 以 $p_2(1+\tau)$ 卖给 N 国，即 $p_2^N = q_2^M = p_2(1+\tau)$；S 国买商品 1 的价格是 N 国买价的 $(1+\tau)$ 倍，故 M 国可以把商品 1 卖到 $(1+\tau)$，即 $p_1^S = q_1^M = 1+\tau$；M 国可以自由出口商品 3 给 N 国和 S 国，即 $p_3^M = p_3^S = p_3^N$。

整理可得：

$$p_1^N = p_1^M = p_1 = 1, \quad p_1^S = q_1^M = 1+\tau$$
$$p_2^S = p_2^M = p_2, \quad p_2^N = q_2^M = p_2(1+\tau) \quad (3-15)$$
$$p_3^M = p_3^S = p_3^N = p_3$$

除去 $q_1^M = p_1^S > p_1^M$、$q_2^N = p_2^N > p_2^M$ 的情况，生产者索取的价格应等于消费者支付的价格，即

$$q_i^j = p_i^j, \quad (i, j) \neq \{(1, M), (2, M)\} \quad (3-16)$$

为了达到贸易均衡，每个国家的进口值 = 出口值，根据这一原理，可以得到如下等式：

对于 N：出口商品 1，从 M 国进口商品 3，从 M 国、S 国进口商品 2。

$$(1+\tau)(C_1^S - Q_1^M - Q_1^S) + C_1^M = p_3(C_3^N - Q_3^N) + p_2(1+\tau)(C_2^N - Q_2^N) \quad (3-17)$$

对于 S：出口商品 2，从 N 国、M 国进口商品 1，从 M 国进口商品 3。

$$p_2(1+\tau)(C_2^N - Q_2^N - Q_2^M) + p_2 C_2^M = (1+\tau)(C_1^S - Q_1^S) + p_3(C_3^S - Q_3^S) \quad (3-18)$$

对于 M：出口商品 1、商品 2、商品 3，其中出口商品 1、商品 2 为了套利；从 N 国进口商品 1，从 S 国进口商品 2。

$$p_3(C_3^N - Q_3^N + C_3^S - Q_3^S) + (1+\tau)Q_1^M + (1+\tau)Q_2^M = C_1^M + p_2 C_2^M \quad (3-19)$$

用向量 $(C_i^j, Q_i^j, L_i^j, p_i^j, q_i^j)$ 表示上述"轮轴—辐条"模型均衡的情况。其中，$i = (1, 2, 3)$；$j = (N, S, M)$；令 $\tau^{NM} = \tau^{MN} = \tau^{SM} = \tau^{MS} = 1$，$\tau^{NS} = \tau^{SN} = \tau^{MS} = \tau > 1$；向量满足式（3-2）、式（3-4）、式（3-5）、式（3-6）、式（3-7）、式（3-15）、式（3-16）、式（3-17）、式（3-18）、式（3-19）。用 x^{jk} 表示 j 出口到 k 的价值。为了比较不同模式下的贸易流量，求 N 国与 M 国的贸易额占 M 国 GDP 的比重 $\frac{x^{NM}}{I^M}$。M 国将自己生产的商品 1 全部出口给 S 国，M 国自己消费的商品 1 都来自从 N 国的进口，则 $x^{NM} = C_1^M = \frac{I^M}{3}$

得 $\dfrac{x^{NM}}{I^{M}} = \dfrac{1}{3}$ (3-20)

此时，M 国对于商品 1 的进口量为 C_1^M，金额为 C_1^M；M 国对于商品 1 的出口量为 Q_1^M，金额为 $Q_1^M(1+\tau)$。通过贸易，M 国可以套利 $Q_1^M\tau$，也即 S 相比多边 FTA 情况所损失的利润。因此与多边 FTA 的情形相比，轮轴国的贸易流量大于作为多边 FTA 成员，辐条国的贸易流量小于作为多边 FTA 成员，并有式（3-20）>式（3-13）>式（3-14）。

因此，对于小国 M 而言，其在不同自由贸易体系中贸易利益从高到低顺序为：轮轴国>双边 FTA>多边自由贸易体系>辐条国。

2. 大国作为轮轴（假定 M 是大国）

M 作为轮轴国，此时，M 国对商品 1 的出口将引起国际均衡价格的变化，假设 S 国从 M 国进口的商品 1 的价格由 $(1+\tau)$ 降为 $(1+\tau_L)$，$\tau>\tau_L$。同时，M 国对商品 1 的生产量可以完全满足 S 国的需求，也即 M 国所生产的商品 1 在满足了 S 国的消费后还有剩余，记为 $Q_1^M - (C_1^S - Q_1^S)$。令 S 国对商品 1 的进口量为 $G_1^S = C_1^S - Q_1^S$，$G_1^S > 0$。则 M 国所生产的商品 1 在满足了 S 国的消费后的剩余 $Q_1^M - G_1^S > 0$。

$$x^{NM} = C_1^M - Q_1^M + G_1^S, \quad \dfrac{x^{NM}}{I^M} = \dfrac{1}{3} - \dfrac{1}{1+\tau_L + p_2(1+\tau_L)^{\frac{1}{1-\beta}} + (1+\alpha)p^{\frac{1}{3-\beta}}} + \dfrac{G_1^S}{I^M} \quad (3\text{-}21)$$

通过比较可以发现，式（3-21）>式（3-13），因此，对于大国 M 而言，其在不同自由贸易体系中贸易利益同样为：轮轴国>双边 FTA>多边自由贸易体系>辐条国。但由于 $Q_1^M - G_1^S > 0$，可知 $\dfrac{x^{NM}}{I^M} < \dfrac{1}{3}$，有式（3-20）>式（3-21）>式（3-13）>式（3-14）。

最终对于 M 国而言，其在不同自由贸易体系中综合贸易利益排序为：轮轴国>双边 FTA >多边自由贸易体系>辐条国，但 M 国如果是贸易小国，其获益幅度要高于 M 作为贸易大国的情形。

四、结论

在"轮轴—辐条"理论分析过程中，通过构建三国两要素三种产品的模型，发现此时双边 FTA 的贸易流量要高于多边自由贸易体系。在"轮轴—辐条"模式下,总体而言轮轴国的贸易获益要高于辐条国。一国在不同自由贸易体系中贸易利益从高到低依次为轮轴国、双边 FTA、多边自由贸易体系以及辐条国。同样作为轮轴国,贸易小国获益要高于贸易大国。因此贸易小国更有动力积极推动双边及诸边 FTA 谈判,以维持自身轮轴国的优势地位。而由于贸易小国对世界市场的冲击程度有限,相较于贸易大国,贸易小国也更易于与贸易伙伴成功签署自由贸易协议。

第二节 基于"多米诺效应"的自由贸易区网络扩张机制

在自由贸易区扩张过程中,已经存在 FTA 协议的作用如何?也就是说,当谈判成员已有 FTA 协议时,另一方是否容易与其达成新 FTA 协议?双方都有其他 FTA 协议时又如何?为了研究外部 FTA 协议对新 FTA 谈判的影响,我们将构建规范的经济学理论模型进行具体分析。

一、模型基本假设[①]

假定世界由四个同质的国家（i, j, k, m）组成,每个国家都生产同质产品 x, y 且规模报酬不变。商品 x 处于古诺模型的寡头垄断市场,商品 y 处于完全竞争市场,商品 y 在两国间自由贸易,并作为计价单位。每个国家的厂商都面向四个国家的市场。

消费者偏好由准线性效用函数表示:
$$U_i(x_i, y_i) = \mu_i(x_i) + y_i \quad (3-22)$$
x_i 表示 i 国的市场需求,α_i 表示 i 国的市场规模,则需求函数为:
$$P_i(x_i) = \alpha_i - x_i \quad (3-23)$$
q_i 表示 i 国的产出,市场需求由四个国家的产出满足,即:
$$x_i = q_i + q_j + q_k + q_m \quad (3-24)$$

---

① 模型设定主要参考 Chen 和 Joshi（2010）的研究,但 Chen 和 Joshi（2010）主要考察三个国家间的 FTA 关系,为了体现自由贸易区的网络化倾向,我们考察了四个国家情形。

i 国的厂商总收益=市场价格厂商产出，即 i 国的总收益为：
$$TR = pq_i = (\alpha_i - x_i)q_i = [\alpha_i - (q_i + q_j + q_k + q_m)]q_i \tag{3-25}$$

设 γ_i 为 i 国生产一单位产品的总成本；每个国家的厂商都以不变的边际成本 h_i 进行生产；贸易时，厂商单位商品的贸易成本包括：运输成本 t_{ij} 和关税 T_{ij}，$t_{ii}=0$，$T_{ii}=0$，运输成本对称，即 $t_{ij}=t_{ji}$，关税可以不对称，出口一单位 x_i 的成本为 $t_{ij}+T_{ij}$。设变量 $g_{ij}\in[0,1]$，表示 i 和 j 两国之间有 FTA 时，$g_{ij}=1$，没有 FTA 时，$g_{ij}=0$ 且 $g_{ij}=g_{ji}$。国家 i 对国家 j 的有效关税为 $T_{ij}=T_i(1-g_{ij})$。则

在本国市场上：$\gamma = h$ (3-26)

在外国市场上：$\gamma = h + t + T(1-g)$

i 国的总成本为：$TC = \gamma_i q_i$ (3-27)

i 国的总利润为：$\pi = TR - TC = \alpha q_i - q_i^2 - q_i(q_j + q_k + q_m) - \gamma_i q_i$ (3-28)

由利润最大化条件：$\frac{\partial \pi}{\partial q_i} = \alpha - 2q_i - (q_j + q_k + q_m) - \gamma_i = 0$，得

$$q_i = \frac{1}{2}[\alpha - \gamma_i - (q_j + q_k + q_m)] \tag{3-29}$$

同理可得：
$$q_j = \frac{1}{2}[\alpha - \gamma_j - (q_i + q_k + q_m)]$$

$$q_k = \frac{1}{2}[\alpha - \gamma_k - (q_j + q_i + q_m)]$$

$$q_m = \frac{1}{2}[\alpha - \gamma_m - (q_j + q_k + q_i)]$$

化简可得 i 标准形式的产出：$q_i = \frac{1}{5}[\alpha - 4\gamma_i + (\gamma_k + \gamma_m + \gamma_j)]$，则 i 标准形式的产出为：$q_i = \frac{1}{5}[\alpha_i - 4\gamma_i + \sum_{i \neq l}(\gamma_l)]$ (3-30)

因此，i 国在本国市场上的均衡产出为：
$$x_{ii} = q_{ii} = \frac{1}{5}\{\alpha_i - 4h_i + \sum_{i \neq l}[h_l + t_{li} + T_i(1-g_{li})]\} \tag{3-31}$$

相应地，i 国在本国市场上的利润为：
$$\pi_{ii} = x_{ii}^2 \tag{3-32}$$

同时，i 国在 j 国市场上的均衡产出为：

$$x_{ij} = q_{ij} = \frac{1}{5}\{\alpha_j - 4[h_i + t_{ij} + T_j(1 - g_{ij})] + \sum_{i \neq 1}[h_l + t_{lj} + T_j(1 - g_{lj})]\}$$

(3-33)

相应地，i 国在 j 国市场上的利润为：

$$\pi_{ij} = x_{ij}^2 \qquad (3\text{-}34)$$

各国总福利为消费者剩余+生产者剩余+关税收入的总和，即：

$$\omega_i = CS_i + \pi_{ii} + \sum_{i \neq 1} \pi_{li} + \sum_{i \neq 1} T_i(1 - g_{li}) x_{li} \qquad (3\text{-}35)$$

其中，i 国的消费者剩余由 CS_i 表示：

$$CS_i = \frac{x_i^2}{2} = \frac{x_{ii} + \sum_{i \neq 1}(x_{li}^2)}{2} = \frac{(x_{ii} + x_{ki} + x_{ji} + x_{mi})^2}{2} \qquad (3\text{-}36)$$

i 国的生产者剩余为：

$$\pi_{ii} + \sum_{i \neq 1} \pi_{li} = \pi_{ii} + \pi_{lk} + \pi_{ij} + \pi_{im}$$

i 国的关税收入为：

$$\sum_{i \neq 1} T_i(1 - g_{li}) x_{li} = \sum_{i \neq 1} T_i(1 - g_{ki}) x_{ki} + \sum_{i \neq 1} T_i(1 - g_{mi}) x_{mi} + \sum_{i \neq 1} T_i(1 - g_{ji}) x_{ji}$$

进一步假设当且仅当 FTA 的签订会使双方的总福利都上升时，FTA 才能达成，即：

$$\omega_i(g_{ij} = 1) > \omega_i(g_{ij} = 0)$$
$$\omega_j(g_{ij} = 1) > \omega_j(g_{ij} = 0) \qquad (3\text{-}37)$$

（一）从进口角度来看

（1）本国市场利润与 FTA 数量呈负相关。FTA 的形成，消除了关税的影响，进口增长导致进口的产品在本国市场参与竞争，厂商在本国市场的利润下降。

（2）本国市场利润是 FTA 数量的严格凸函数。当本国已与第三国达成 FTA 协议时，每一个新签订的 FTA 所造成的国内市场利润下降的程度将递减。因为现有 FTA 关系的第三国在本国市场份额将大于新签订的国家，新签订 FTA 时，现有 FTA 的第三国也将比新签约国承受更大的本国市场利润损失，Chen 和 Joshi（2010）将该效应定义为"进口的第三国损失分担效应"。

（二）从出口角度来看

出口利润也会因 FTA 模式的改变而改变。本国与外国签订 FTA 后，本国厂商在外国市场获利更多。但如果外国已与第三国签订了 FTA，稀释了本国厂商可能在外国市场获得的潜在利润，本国出口的收益就会比没有第三国时下降，Chen 和 Joshi（2010）将该效应定义为"出口的第三国特许权侵蚀效应"。

二、基准情形 F_0

四个国家之间均没有外部 FTA，考察 i 国和 j 国之间进行 FTA 谈判的情形，如图 3-1 所示。

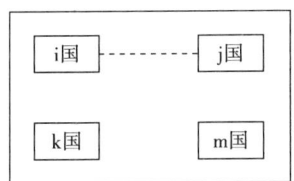

图 3-1 基准情形

在这种情况下，仅当 i 和 j 两国的福利都优于基准情形时，即 FTA 签订后消费者剩余 CS_i 和出口利润 $\sum_{i \neq l} \pi_{li}$ 增加量足以抵消本国市场利润 π_{ii} 和关税收入的减少量时，两国才会达成 FTA 协议，即：

$$\omega_i(g_{ij}=1 \mid F_0) > \omega_i(g_{ij}=0 \mid F_0)$$
$$\omega_j(g_{ij}=1 \mid F_0) > \omega_j(g_{ij}=0 \mid F_0)$$
(3-38)

其中，$g_{ij}=g_{ji}$，$g_{ik}=g_{im}=g_{jk}=g_{jm}=0$，

令 $\begin{cases} \psi_{ij} = \dfrac{8\,T_j(\alpha_j+h_k+h_m-4t_{ij}+t_{kj}+t_{mj}) - T_i(3\alpha_i+8h_k+8h_m-17t_{ji}+8t_{ki}+8t_{mi}-\dfrac{15T_i}{2})}{-2\,T_i+32\,T_j} \\ \varphi_{ij} = \dfrac{17\,T_i+8\,T_j}{32\,T_j-2\,T_i} \end{cases}$

则式（3-38）可以表示为：

$h_i < \psi_{ij} + \varphi_{ij} h_j$ (3-39)①

$h_j < \psi_{ji} + \varphi_{ji} h_i$

由于没有外部FTA，两国各方面条件越接近就越容易满足上述不等式，如果两国的成本（生产成本、运输成本等）不相同，则成本越低的国家越容易获得利润。

因此有

命题1：在基准情形F_0下，当满足以下条件时i国、j国两国容易达成FTA协议（即i国、j国达成FTA后的福利均增加）：

（1）较大且相似的市场规模。

（2）较低且相似的边际成本。

（3）较低且相似的运输成本。

三、单一外部FTA情形F_1

在四个国家中，假设j国和m国之间已经达成外部FTA，如图3-2所示。

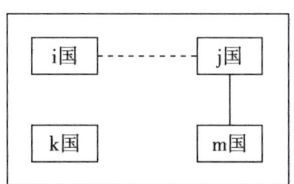

图3-2　单一外部FTA

i国和j国要达成FTA协议，需满足条件：

$\omega_i(g_{ij}=1, g_{jm}=1 \mid F_1) > \omega_i(g_{ij}=0, g_{jm}=1 \mid F_1)$ (3-40)

$\omega_j(g_{ij}=1, g_{jm}=1 \mid F_1) > \omega_j(g_{ij}=0, g_{jm}=1 \mid F_1)$

其中，$g_{ij} = g_{ji}$，$g_{ik} = g_{im} = g_{jk} = 0$，则式（3-40）可以表示为：

$h_i < \psi_{ij} + \varphi_{ij} h_j + \mu_i(F_1)$ (3-41)

---

① 两国的边际成本必须在限定的范围内，引入ψ_{ij}和φ_{ij}两式可以用于考察其他参数的作用，式（3-39）具体证明见文后注释，式（3-41）、式（3-43）证明方法类似。

$h_j < \psi_{ji} + \varphi_{ji} h_i + \mu_j(F_1)$

其中，$\mu_i(F_1) = \dfrac{-8T_j^2}{32\,T_j - 2\,T_i}$，$\mu_j(F_1) = \dfrac{11T_j^2}{32\,T_i - 2\,T_j}$ 分别为外部 FTA 协议对 i 国和 j 国的影响。

当 i 国和 j 国的关税满足 $\dfrac{1}{16}T_j < T_i < 16\,T_j$ 时，对 j 国而言，FTA 将使 j 国获得与 F_0 相同的出口收益，但由于进口的第三国损失分担效应，进口所引起的 j 国在本国市场上的利润损失将小于 F_0。同时，j 国与 m 国的 FTA 降低了 j 国从 i 国的进口，FTA 协议的潜在关税损失更小，因此 j 国建立新 FTA 的动力增强，表现为 $\mu_j(F_1) > 0$。对 i 国而言，FTA 将使 i 国在本国市场遭受与 F_0 相同的利润损失。但由于出口的第三国特许权侵蚀效应，i 国对 j 国出口可获得的利润就被第三国侵蚀一部分，因此，i 国建立新 FTA 的动力变弱，表现为 $\mu_i(F_1) < 0$。

此时，与 F_0 相比可以发现，i 国达成 FTA 协议的参数范围缩小，i 国福利增长的可能性缩小，而 j 国达成 FTA 协议的参数范围扩大，j 国福利增长的可能性增大。因此，在 j 国和 m 国已经签订外部 FTA 的情况下，与 F_0 相比，j 国与 i 国达成 FTA 协议的意愿增强，而 i 国与 j 国达成 FTA 协议的意愿减弱。

命题 2：在 j 国已经有外部 FTA 协议的情况下，i 国和 j 国要达成 FTA 协议[①]，需要满足以下条件：

(1) j 国有足够大的市场规模。
(2) j 国相对 i 国有较高的边际成本。
(3) 两国间的运输成本较低。

四、双外部 FTA 情形 F_2

在四个国家中，假设 i 国和 k 国之间已经存在外部 FTA，j 国和 m 国之间也存在外部 FTA，如图 3-3 所示。

[①] 因为 j 国签署 FTA 动力大于 i 国，要想成功签订 FTA，i 国需要从对 j 国的出口中获得足够多的利润去抵销出口的第三国特许权侵蚀效应，当 j 国市场规模大、成本高，两国间运输成本低时，i 国更有可能从 j 国获得更多利润。

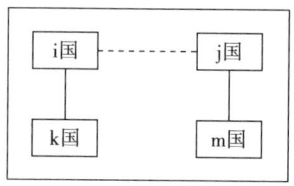

图 3-3 双外部 FTA 情形

i 国和 j 国要达成 FTA 协议，需满足条件：

$$\omega_i(g_{ij}=1, g_{ik}=1, g_{jm}=1 \mid F_2) > \omega_i(g_{ij}=0, g_{ik}=1, g_{jm}=1 \mid F_2) \quad (3\text{-}42)$$
$$\omega_j(g_{ij}=1, g_{ik}=1, g_{jm}=1 \mid F_2) > \omega_j(g_{ij}=0, g_{ik}=1, g_{jm}=1 \mid F_2)$$

其中，$g_{ij}=g_{ji}$，$g_{im}=g_{jk}=0$，则式（3-42）可以表示为：

$$h_i < \psi_{ij} + \varphi_{ij} h_j + \mu_i(F_2) \quad (3\text{-}43)$$
$$h_j < \psi_{ji} + \varphi_{ji} h_i + \mu_j(F_2)$$

其中，$\mu_i(F_2) = \dfrac{11T_j^2 - 8T_i^2}{32\,T_j - 2T_i}$，$\mu_j(F_2) = \dfrac{11T_i^2 - 8T_j^2}{32\,T_i - 2T_j}$，分别为外部 FTA 协议对 i 国和 j 国的影响。

当 i 国和 j 国的关税满足 $\dfrac{2\sqrt{2}}{\sqrt{11}} T_j < T_i < \dfrac{\sqrt{11}}{2\sqrt{2}} T_j$ 时，在双外部 FTA 情形下外部 FTA 对双方的影响是对称的。对于进口的第三国损失分担效应，外部 FTA 的存在减少双方因签订 FTA 而造成的本国市场潜在利润损失。同时也减少双方的税收损失（为 F_1 时，这一效应只适用于 j 国，现在 i 国和 j 国均成立）。对于出口的第三国特许权侵蚀效应，外部 FTA 的存在稀释了他们达成 FTA 协议之后可以从对方市场获得的收益（为 F_1 时，特许权侵蚀效应只适用于 i 国，现在 i 国和 j 国均成立）。因此，外部 FTA 因素对 i 国和 j 国达成新 FTA 协议的作用是同时存在的，且对双方的作用都是正向的，i 国和 j 国达成新 FTA 动力均增强，表现为 $\mu_i(F_2) > 0$ 且 $\mu_j(F_2) > 0$。

此时，与 F_0 相比可以发现，在双外部 FTA 情形 F_2 中，谈判双方达成新 FTA 的动力严格大于基准情形 F_0，即出现"多米诺效应"现象。①

---

① 在满足双方达成 FTA 协议后福利增强的条件下，F_2 中双方签署 FTA 动力是严格大于基准情形 F_0，需要满足的条件也与 F_0 类似，并且比 F_0 更宽松。

五、研究结论

在古诺模型的寡头垄断市场环境中,我们通过四国贸易模型考察外部贸易协定对正在进行 FTA 谈判双方的影响。结果表明,市场规模、边际生产成本及双方间的运输成本(运费和关税)是影响 FTA 谈判的重要因素。与基准情形相比,在单一外部 FTA 情形中,已经和其他国家签署 FTA 的一方更容易签署 FTA,而没有外部 FTA 的一方签署 FTA 的动力则下降,成功达成 FTA 需要满足存在外部 FTA 的谈判方有足够大的市场规模和较高的边际成本,以及两国间较低的运输成本等条件。在均存在外部 FTA 的情形下,谈判双方间达成新 FTA 的动力将增加。因此,当贸易伙伴之间均存在一个或若干个外部 FTA 的情形下,他们会有更强的动力去签订新的 FTA,继而导致自由贸易协定的不断扩张。

此外,需要指出的是,通过对比 Chen 和 Joshi(2010)的分析可以发现:在三国模型中,当存在双外部 FTA 时,在 i 国和 j 国的关税满足 $T_j < T_i < \frac{\sqrt{11}}{\sqrt{6}} T_j$ 条件下,i 国和 j 国达成新 FTA 动力就会增加。而在四国模型中,i 国和 j 国的关税满足 $\frac{2\sqrt{2}}{\sqrt{11}} T'_j < T_i < \frac{\sqrt{11}}{2\sqrt{2}} T'_j$ 时才能实现上述目标。由于 $\frac{\sqrt{6}}{\sqrt{11}} T_j < \frac{2\sqrt{2}}{\sqrt{11}} T'_j < \frac{\sqrt{11}}{2\sqrt{2}} T'_j < \frac{\sqrt{11}}{\sqrt{6}} T_j$,因此随着考察国家数量的增加,谈判伙伴 i 国和 j 国缔结 FTA 临界关税条件也趋于严格。

注释:

1. 式 (3-4) 的推导过程

$\omega = P \times MP_L$,其中价格 $P = q_i^j$,边际劳动产出 $MP_L = \frac{\partial Q_i^j}{\partial L} = \frac{\partial(\gamma^j L_i^{j\beta} K_i^{j(1-\beta)})}{\partial L} = \gamma^j \beta L_i^{j(\beta-1)} K_i^{j(1-\beta)}$。

2. 式 (3-7) 的推导过程

对 $\mu(c_1, c_2, c_3) = c_1 c_2 c_3$ 取对数,得 $\ln\mu(c_1, c_2, c_3) = \ln c_1 + \ln c_2 + \ln c_3$,构造拉格朗日方程:

Max $\ln\mu(c_1, c_2, c_3) = \ln c_1 + \ln c_2 + \ln c_3$

使 $I^j = c_1 p_1 + c_2 p_2 + c_3 p_3$

$L = \ln c_1 + \ln c_2 + \ln c_3 + \lambda(I - c_1 p_1 - c_2 p_2 - c_3 p_3)$

计算得 $\lambda = \frac{3}{I^j}$,所以 $C_i^j = \frac{1}{\lambda p_i^j} = \frac{I^j}{3 p_i^j}$。

3. 式 (3-13) 的推导过程

$x^{NM} = C_1^M - Q_1^M$,即 M 从 N 进口的商品 1 的价值。

则 $\frac{x^{NM}}{I^M} = \frac{C_1^M - Q_1^M}{I^M} = \frac{C_1^M}{I^M} - \frac{Q_1^M}{I^M}$

由式 (3-28) 知 $C_1^{M*} = \frac{I^{M*}}{3 p_1^{M*}} = \frac{I^{M*}}{3}$,则 $\frac{C_1^{M*}}{I^{M*}} = \frac{1}{3}$

由式 (3-27) 知:

$\frac{Q_1^M}{I^M} = \frac{Q_1^M}{q_1^M Q_1^M + q_2^M Q_2^M + q_3^M Q_3^M} = \frac{1}{q_1^M + q_2^M \frac{Q_2^M}{Q_1^M} + q_3^M \frac{Q_3^M}{Q_1^M}} = \frac{1}{1 + p_2(1+\tau)\frac{Q_2^M}{Q_1^M} + p_3 \frac{Q_3^M}{Q_1^M}}$

由式 (3-23) 知 $\frac{Q_2^M}{Q_1^M} = \frac{L_2^{M\beta} K_2^{M(1-\beta)}}{L_1^{M\beta} K_1^{M(1-\beta)}} = (\frac{L_2^M}{L_1^M})^\beta (\frac{K_2^M}{K_1^M})^{(1-\beta)}$,又因 $K_1^M = K_2^M = \gamma^M$,则:

$\frac{Q_2^M}{Q_1^M} = (\frac{L_2^M}{L_1^M})^\beta$

由式 (3-25) 知 $(\frac{L_2^M}{L_1^M})^{(\beta-1)}(\frac{K_3^M}{K_1^M})^{(1-\beta)} = \frac{1}{p_2(1+\tau)}$,即 $(\frac{L_2^M}{L_1^M})^{(\beta-1)} = \frac{1}{p_2(1+\tau)}$,则

$(\frac{L_2^M}{L_1^M}) = [\frac{1}{p_2(1+\tau)}]^{\frac{1}{\beta-1}} = [p_2(1+\tau)]^{\frac{1}{1-\beta}}$

则 $\frac{Q_2^M}{Q_1^M} = [p_2(1+\tau)]^{\frac{\beta}{1-\beta}}$,则 $\frac{Q_2^M}{Q_1^M} \cdot p_2(1+\tau) = [p_2(1+\tau)]^{\frac{1}{1-\beta}}$

同上,$\frac{Q_3^M}{Q_1^M} = \frac{L_3^{M\beta} K_3^{M(1-\beta)}}{L_1^{M\beta} K_1^{M(1-\beta)}} = (\frac{L_3^M}{L_1^M})^\beta (\frac{K_3^M}{K_1^M})^{(1-\beta)} = (\frac{L_3^M}{L_1^M})^\beta (1+\alpha)^{(1-\beta)}$,又 $K_3^M =$

$(1+\alpha) \gamma^M$,则 $(\frac{L_3^M}{L_1^M})^\beta (\frac{K_3^M}{K_1^M})^{(1-\beta)} = \frac{1}{p_3}$,则 $(\frac{L_3^M}{L_1^M})^\beta = [p_3(1+\alpha)^{(1-\beta)}]^{\frac{\beta}{1-\beta}}$,

得 $\frac{Q_3^M}{Q_1^M} \cdot p_3 = (\frac{L_3^M}{L_1^M})^\beta (\frac{K_3^M}{K_1^M})^{(1-\beta)} \cdot p_3 = [p_3(1+\alpha)^{(1-\beta)}]^{\frac{\beta}{1-\beta}} \cdot p_3 \cdot (1+\alpha)^{(1-\beta)} = p_3^{\frac{1}{1-\beta}} \cdot (1+\alpha)$

综上,原式 $\frac{x^{NM}}{I^M} = \frac{1}{3} - \frac{1}{1+[p_2(1+\tau)]^{\frac{1}{1-\beta}}+(1+\alpha)p_3^{\frac{1}{1-\beta}}}$。

4. 式(3-39)的推导

已知:

$\omega_i = \frac{1}{2}(x_{ii}+x_{ji}+x_{ki}+x_{mi})^2 + x_{ii}^2 + x_{ij}^2 + x_{ik}^2 + x_{im}^2 + T_i(1-g_{ji}) + T_i(1-g_{ij}) + T_i(1-g_{ki}) + T_i(1-g_{mi})$,令式(3-17)不等号左侧由 $\omega_i(1)$ 表示,不等号右侧由 $\omega_i(0)$ 表示。

则 $\omega_i(1) - \omega_i(0) = [(x_{ii}(1)-x_{ii}(0))+(x_{ji}(1)-x_{ji}(0))+(x_{ki}(1)-x_{ki}(0))+(x_{mi}(1)-x_{mi}(0))] \cdot [(x_{ii}(1)+x_{ii}(0))+(x_{ji}(1)+x_{ji}(0))+(x_{ki}(1)+x_{ki}(0))+(x_{mi}(1)+x_{mi}(0))] + (x_{ii}(1)-x_{ii}(0))(x_{ii}(1)+x_{ii}(0))+(x_{ij}(1)-x_{ij}(0))(x_{ij}(1)+x_{ij}(0))+(x_{ik}(1)-x_{ik}(0))(x_{ik}(1)+x_{ik}(0))+(x_{im}(1)-x_{im}(0))(x_{im}(1)+x_{im}(0))+T_i(1-g_{ki})(x_{ki}(1)+x_{ki}(0))+T_i(1-g_{mi})(x_{mi}(1)+x_{mi}(0))-T_i x_{ji}(0)$

又因为:$(x_{ii}(1)-x_{ii}(0)) = -\frac{1}{5}T_i$

$(x_{ji}(1)-x_{ji}(0)) = \frac{4}{5}T_i$

$(x_{ki}(1)-x_{ki}(0)) = -\frac{1}{5}T_i$

$(x_{mi}(1)-x_{mi}(0)) = -\frac{1}{5}T_i$

$$(x_{ij}(1)-x_{ij}(0))=\frac{4}{5}T_i$$

$$(x_{ik}(1)-x_{ik}(0))=0$$

$$(x_{im}(1)-x_{im}(0))=0$$

$$(x_{ij}(1)+x_{ij}(0))=\frac{1}{5}[2\alpha_j-8h_i-8t_{ij}-4T_j+2h_j+2h_k+2h_m+2t_{kj}+2t_{mj}+2T_j(2-g_{kj}-g_{mj})]$$

$$(x_{ji}(1)+x_{ji}(0))=\frac{1}{5}[2\alpha_i-8h_j-8t_{ji}-4T_i+2h_i+2h_k+2h_m+2t_{ki}+2t_{mi}+2T_j(2-g_{ki}-g_{mi})]$$

$$(x_{ki}(1)+x_{ki}(0))=\frac{1}{5}[2\alpha_i-8h_k-8t_{ki}-8T_j(1-g_{ki})+2h_i+2h_j+2h_m+2t_{ji}+2t_{mi}+T_j(3-2g_{mi})]$$

$$(x_{mi}(1)+x_{mi}(0))=\frac{1}{5}[2\alpha_i-8h_m-8t_{mi}-8T_j(1-g_{mi})+2h_i+2h_j+2h_k+2t_{ji}+2t_{ki}+T_j(3-2g_{ki})]$$

$$(x_{ii}(1)+x_{ii}(0))=\frac{1}{5}[2\alpha_i-8h_j+2h_i+2h_k+2h_m+2t_{ki}+2t_{ji}+2t_{mi}+T_j(5-2g_{ki}-2g_{mi})]$$

$$x_{ji}(0)=\frac{1}{5}[\alpha_i-4h_j-4t_{ji}-4T_i+h_i+h_k+h_m+t_{ki}+t_{mi}+T_j(2-g_{ki}-g_{mi})]$$

所以，$\omega_i(1)-\omega_i(0)>0$，等价于$h_i<\psi_{ij}+\varphi_{ij}h_j$，式（3-42）、式（3-43）同理可证。其中，

$$\psi_{ij}=\frac{8T_j(\alpha_j+h_k+h_m-4t_{ij}+t_{kj}+t_{mj})-T_i(3\alpha_i+8h_k+8h_m-17t_{ij}+8t_{ki}+8t_{mi}-\frac{15T_i}{2})}{-2T_i+32T_j}$$

$$\varphi_{ij}=\frac{17T_i+8T_j}{32T_j-2T_i}。$$

第四章 中国自由贸易区网络的空间格局

21世纪以来,世界贸易组织(WTO)多哈回合谈判陷入困境,在全球范围内达成新自由贸易区的希望越来越渺茫。造成这一现象的主要原因是 WTO 涉及的议题愈加广泛和复杂,成员在国内产业、投资、知识产权等领域利益分歧深化并难以协调。与此同时,WTO 成员之间双边或诸边自由贸易协定(FTA)层出不穷,成员参与多个自由贸易区的情况越来越普遍。随着自由贸易区协定的签署及生效,自由贸易区碎片化、重叠化特征日益明显,用网络动态学中的社会网络理论和方法来对其进行整体分析具备科学性和可行性。从社会网络分析视角来看,全球的自由贸易区可以视为国家在自由贸易方面联系的集合,即国家是 FTA 网络中的"点",各国签署自由贸易区情况则是"线",这些点由线连接在一起,形成一个"网络",并且该网络属于无向网络,国家间自由贸易关联更为重要,因此具体采用社会网络方法进行分析。

第一节 自由贸易区网络的构建

一、FTA 网络构建规则及数据来源

FTA 网络构建规则为:用矩阵 A^t 来描述 t 时期无权 FTA 网络,选取的

研究时间跨度为1995~2015年。用a_{ij}^t表示矩阵A^t中的元素,当$a_{ij}^t=1$,表示双边签署自由贸易区协定;$a_{ij}^t=0$表示缺乏双边自由贸易安排。

本章数据有两个主要来源:一部分来自著名学者Jeffrey Bergstrand整理的全球双边经济一体化数据库,该数据库包括了195个国家1950~2011年双边自由贸易联系的情况[①],具体采用存量数据。Jeffrey Bergstrand的数据只统计到2011年,笔者另外依据向WTO通报的区域自由贸易协定统计数据,补充2012~2015年的双边自由贸易区签署情况。笔者最终筛选世界上137个国家作为研究对象,对他们之间双边FTA网络的结构特征加以定量分析。

二、FTA网络化演变趋势

表4-1为FTA网络整体统计性描述。从表4-1中可以看出,1995~2015年,FTA网络逐渐成形,国家(地区)间自由贸易空间联系随着时间推移逐渐加密。我们从1995年世界贸易组织成立开始,每隔5年作为一个重点考察的时间节点(1995年、2000年、2005年、2010年及2015年),并对该阶段FTA网络情况进行具体分析。

表4-1 FTA网络整体统计性描述

单位:个

年份	签署FTA协议国家(地区)数量	平均签署FTA数量	签署FTA协议最多数量
1995	85	6.66	28
1996	87	7.30	28
1997	89	8.23	30

---

① 根据经济一体化程度的不同,Jeffrey Bergstrand将双边自由贸易联系分成若干层次,用数字0~6来代表,随着数值的增加,贸易自由化及经济一体化的程度也在不断增加。0代表国家间没有任何贸易协定;1代表非互惠的优惠贸易安排(Non Reciprocal Preferential Trade Arrangement);2代表优惠贸易安排;3代表自由贸易区协定(FTA);4代表关税同盟;5代表共同市场;6即最高层次的经济同盟。为了简化分析过程,将该数据库整理成社会网络分析常见的0/1形式。具体是将数值3以及3以上情况定义为1,即双边签署自由贸易协议;将数值0~2的情形定义为0,即缺乏双边自由贸易安排。

续表

年份	签署FTA协议国家（地区）数量	平均签署FTA数量	签署FTA协议最多数量
1998	93	9.49	32
1999	96	10.16	33
2000	105	11.07	34
2001	110	11.56	35
2002	110	12.51	38
2003	115	12.86	38
2004	121	14.95	40
2005	123	16.01	42
2006	124	16.42	45
2007	124	16.82	48
2008	124	17.20	50
2009	124	17.57	52
2010	124	18.08	54
2011	124	18.18	55
2012	124	18.75	57
2013	124	22.50	57
2014	124	23.47	60
2015	124	23.63	61

（一）世界贸易组织成立（1995年）

1995年世界贸易组织成立之初，从双边视角来看，全球85个国家（地区）拥有自由贸易区，每个国家（地区）平均与6~7个贸易伙伴达成自由贸易区，峰值最高达到28个。同时，52个国家没有缔结任何自由贸易区，16个国家只签署了一份自由贸易区，22个国家拥有的自由贸易伙伴国（地区）数量超过20个（具体名单见表4-2）。从表4-2中可以看出，除了瑞士等少数国家，全球主要FTA网络中心焦点集中在欧洲地区。

表 4-2 1995 年拥有 20 个以上 FTA 伙伴国家（地区）名单

单位：个

国家	FTA 伙伴数	国家	FTA 伙伴数	国家	FTA 伙伴数
波兰	21	德国	27	葡萄牙	27
瑞士	26	挪威	27	西班牙	27
丹麦	27	英国	27	匈牙利	21
卢森堡	27	瑞典	28	冰岛	27
意大利	27	斯洛伐克	21	荷兰	27
芬兰	28	比利时	27	希腊	27
捷克	21	法国	27	奥地利	28
爱尔兰	27				

（二）21 世纪初（2000 年）

进入 21 世纪，从全球来看，签署自由贸易区的国家（地区）数量超过 100 个，每个国家平均拥有的自由贸易区数量也超过 10 个，国家（地区）签署自由贸易区的峰值接近 40。同时，没有缔结任何自由贸易协议的国家减少至 32 个，40 个国家只签署了一份 FTA 协议，此时自由贸易网络联系虽然仍不够紧密，但整体 FTA 网络已见雏形，拥有超过 20 个 FTA 协议的国家进一步增加到 32 个（具体名单见表 4-3）。从表 4-3 中还可以看出，除了欧洲地区以外，墨西哥、突尼斯、以色列、土耳其等国加速签署 FTA 协议，进入全球 FTA 网络的中心地带。

表 4-3 2000 年拥有 20 个以上自由贸易伙伴国家（地区）名单

单位：个

国家	FTA 伙伴数	国家	FTA 伙伴数	国家	FTA 伙伴数
墨西哥	22	斯洛伐克	29	法国	34
拉脱维亚	25	斯洛文尼亚	29	芬兰	34
罗马尼亚	25	匈牙利	29	荷兰	34
爱沙尼亚	26	冰岛	31	卢森堡	34

续表

国家	FTA 伙伴数	国家	FTA 伙伴数	国家	FTA 伙伴数
保加利亚	26	挪威	31	葡萄牙	34
立陶宛	26	瑞士	31	瑞典	34
突尼斯	26	爱尔兰	34	西班牙	34
以色列	26	奥地利	34	希腊	34
土耳其	27	比利时	34	意大利	34
波兰	29	丹麦	34	英国	34
捷克	29	德国	34		

图4-1为2000年FTA网络可视化图。从图4-1中可以看出，在2000年全球贸易自由化版图中，自由贸易发达的几个区域已经初步显现。FTA网络的特点体现在以下方面：一方面，自由贸易空间联系最紧密的区域是欧洲（主要是欧盟及欧洲自由贸易联盟成员），这些国家最早从20世纪50年代就开始贸易自由化尝试，是全球自由贸易的积极推动力量。另一方面，自由贸易空间联系呈现出区块化特点，而且区块之间联系较少或者没有联系。从图4-1中可以看出，除了欧洲地区以外，东盟、中美洲、南美洲、独联体国家、非洲、拉美地区等区域中均有若干国家结成的块状子网络情形出现。

（三）全球金融危机爆发前（2005年）

2005年，全球FTA网络空间联系进一步变得紧密。一方面，从全球来看，签署自由贸易区的国家（地区）数量超过120个，每个国家（地区）平均拥有的自由贸易区数量超过16个，签署自由贸易区的峰值超过40个。同时，没有缔结任何FTA协议的国家缩减至14个国家（地区），同时仅签署一份FTA协议国家（地区）也将为2000年的一半左右（25个）。另一方面，拥有20个以上FTA协议的国家数增加到42个（具体名单见表4-4）。智利、约旦、摩洛哥、马其顿等加入"FTA俱乐部"中心成员行列。

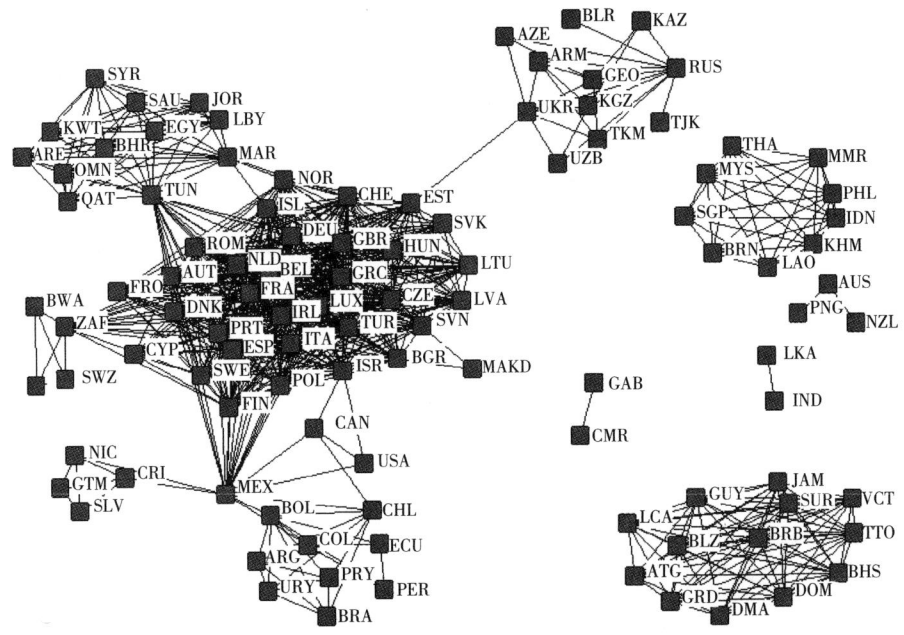

图 4-1 2000 年 FTA 网络可视化

表 4-4 2005 年拥有 20 个以上自由贸易伙伴的国家（地区）名单

单位：个

国家	FTA 伙伴数	国家	FTA 伙伴数	国家	FTA 伙伴数
法罗群岛	28	捷克	40	比利时	41
埃及	29	拉脱维亚	40	丹麦	41
南非	29	立陶宛	40	德国	41
保加利亚	34	马耳他	40	法国	41
克罗地亚	34	墨西哥	40	芬兰	41
土耳其	34	挪威	40	荷兰	41
以色列	34	瑞士	40	卢森堡	41
罗马尼亚	35	塞浦路斯	40	葡萄牙	41
马其顿	35	斯洛伐克	40	瑞典	41
摩洛哥	39	斯洛文尼亚	40	西班牙	41
突尼斯	39	匈牙利	40	希腊	41
爱沙尼亚	40	约旦	40	意大利	41

续表

国家	FTA 伙伴数	国家	FTA 伙伴数	国家	FTA 伙伴数
冰岛	40	爱尔兰	41	英国	41
波兰	40	奥地利	41	智利	42

(四) 全球金融危机之后 (2010 年)

2008 年全球金融危机爆发，但此时 FTA 网络化趋势已经显现出来。从图 4-2 中可以看出，与 2000 年 FTA 网络中区块基本分类的形势不同，2008 年全球主要自由贸易区域之间均有了较为紧密的空间联系。假如以欧洲地区为 FTA 网络的中心区域：在欧洲与东亚地区之间，韩国充当自由贸易空间联系的桥梁；智利、墨西哥充当着欧洲与南美洲、中美洲以及拉美地区自由贸易空间联系的桥梁；以色列、约旦、埃及、摩洛哥、南非等分别充当着欧洲与其所属区域自由贸易空间联系的桥梁。

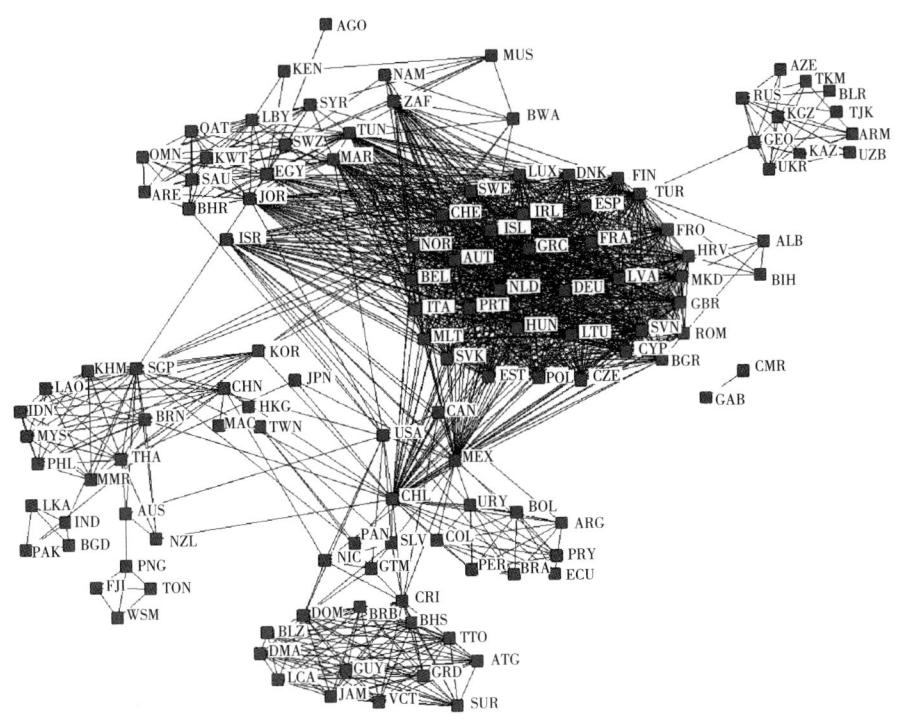

图 4-2 2008 年 FTA 网络可视化

金融危机全球蔓延之后，全球贸易保护主义势力增强，FTA 网络发展速度仍保持稳定，没有缔结任何 FTA 协议以及仅签署一份 FTA 协议国家（地区）数量 2010 年与 2005 年相比变化不大，分别为 13 个和 18 个；超过 20 个以上 FTA 协议的国家（地区）数量变化有限（44 个）（具体名单见表 4-5）。值得一提的是，作为依赖国际贸易的小国——冰岛、挪威、瑞士（三者均为欧洲自由贸易联盟成员）以及智利成为全球拥有 FTA 协议最多的 4 个国家，签署的 FTA 协议数量超过 50 个。

表 4-5 2010 年拥有 20 个以上自由贸易伙伴国家（地区）名单

单位：个

国家	FTA 伙伴数	国家	FTA 伙伴数	国家	FTA 伙伴数
哥斯达黎加	21	马耳他	40	葡萄牙	41
新加坡	22	塞浦路斯	40	瑞典	41
法罗群岛	28	斯洛伐克	40	西班牙	41
埃及	33	斯洛文尼亚	40	希腊	41
克罗地亚	34	土耳其	40	意大利	41
马其顿	34	匈牙利	40	英国	41
南非	34	爱尔兰	41	约旦	41
保加利亚	38	奥地利	41	墨西哥	42
以色列	38	比利时	41	突尼斯	42
罗马尼亚	39	丹麦	41	摩洛哥	43
爱沙尼亚	40	德国	41	智利	51
波兰	40	法国	41	冰岛	53
捷克	40	芬兰	41	挪威	53
拉脱维亚	40	荷兰	41	瑞士	54
立陶宛	40	卢森堡	41		

（五）全球 FTA 网络现状（2015 年）

截至 2015 年底，参与全球 FTA 网络国家（地区）在数量方面保持稳定，但每个国家（地区）平均拥有的自由贸易区数量大幅增加到 24 个左右（见表 4-6）。此时全球 FTA 网络已经覆盖绝大多数国家，它们之间

FTA联系已经变得交错复杂。越来越多的国家如中国、喀麦隆、南非、危地马拉、哥伦比亚、巴拿马、乌克兰、秘鲁等均已经成功融入全球FTA网络之中，总共56个国家（地区）签署了超过20个以上的FTA协议。

表4-6 2015年拥有20个以上自由贸易伙伴的国家（地区）名单

单位：个

国家	FTA伙伴数	国家	FTA伙伴数	国家	FTA伙伴数
中国	20	墨西哥	43	斯洛伐克	52
法罗群岛	28	土耳其	43	斯洛文尼亚	52
喀麦隆	29	克罗地亚	44	希腊	52
新加坡	29	秘鲁	46	匈牙利	52
埃及	33	韩国	48	比利时	53
马其顿	34	爱尔兰	50	丹麦	53
南非	34	保加利亚	50	法国	53
乔治亚州	35	拉脱维亚	51	芬兰	53
危地马拉	35	罗马尼亚	51	卢森堡	53
巴拿马	36	塞浦路斯	51	瑞典	53
尼加拉瓜	36	爱沙尼亚	52	西班牙	53
萨尔瓦多	37	奥地利	52	意大利	53
乌克兰	37	波兰	52	英国	53
以色列	38	德国	52	哥斯达黎加	54
哥伦比亚	39	荷兰	52	智利	54
伯利兹	41	捷克	52	挪威	58
突尼斯	42	立陶宛	52	冰岛	60
约旦	42	马耳他	52	瑞士	61
摩洛哥	43	葡萄牙	52		

在FTA网络扩张的同时，各自由贸易区块之间的联系逐渐丰富起来，全球各自由贸易区域之间空间联系的"线"已经变得十分密集，除了欧盟以及欧洲自由贸易联盟成员以外，各区域自由贸易空间联系的核心国家在图4-3中也体现出明显的棘轮效应，即基本上均为前一阶段区域自由贸易子网络的节点国家。

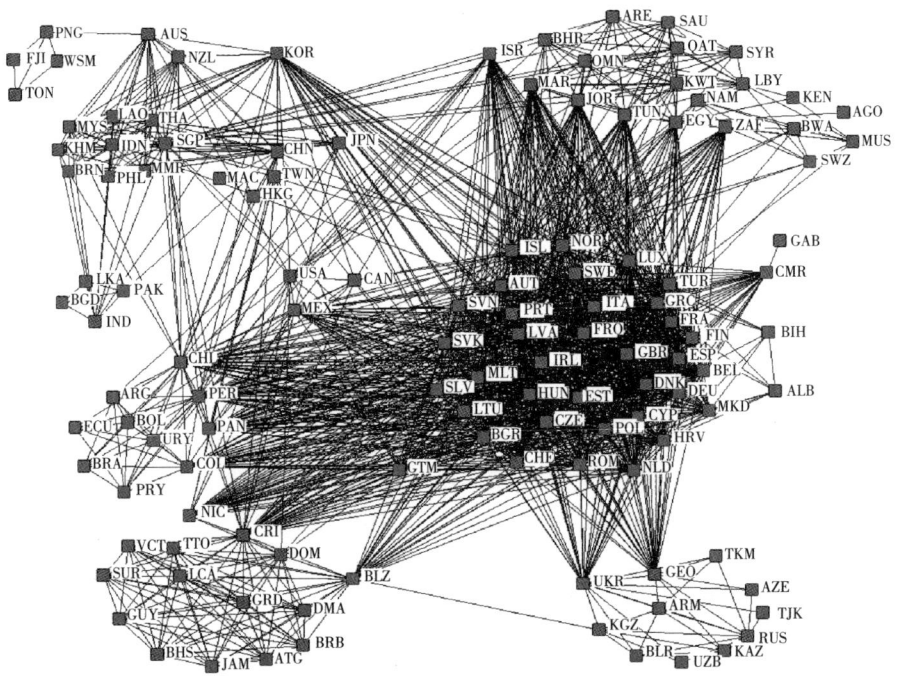

图 4-3 全球 FTA 网络可视化

第二节 自由贸易区网络的空间结构特征

一、自由贸易区整体网络结构指标

整体网络结构特征常采用网络密度、网络关联度和网络效率指标来刻画。

(一) 网络密度指标

Mitchell (1969) 将网络密度定义为"所有可能出现的关系实际上在

多大程度上出现",即国家实际达成的自由贸易区数量与整个FTA网络中最多可能的自由贸易区数量之比,该指标反映了FTA网络中国家间的空间关联程度。网络密度指标取值在[0,1],数值越高,代表FTA网络中国家间的空间关联程度越高。假定世界全部国家数量为n,则全球自由贸易网络中最大可能存在的自由贸易区数量为n×(n-1);而一国在特定时期实际达成的自由贸易区数量为l,网络密度的表达式为:

$$Density = l / [n \times (n-1)] \tag{4-1}$$

1995~2015年FTA网络密度指标计算结果见表4-7,从表4-7中可以看出,FTA网络空间关联程度大大增加,2015年的网络密度大约是1995年的3.55倍。虽然FTA网络空间密度整体处于上升趋势,网络整体节点之间的空间联系逐渐增强,各个节点受空间网络整体系统影响也逐年加大,但增加的幅度并不稳定。从图4-4中可以看出,2004年以及2013年FTA网络密度增长情况最为突出,这可能与世界贸易组织多哈回合数轮谈判几度受阻有密切关联。

表4-7 1995~2015年FTA网络密度

年份	网络密度	年份	网络密度	年份	网络密度
1995	0.049	2002	0.092	2009	0.129
1996	0.054	2003	0.095	2010	0.133
1997	0.061	2004	0.110	2011	0.134
1998	0.070	2005	0.118	2012	0.138
1999	0.075	2006	0.121	2013	0.165
2000	0.081	2007	0.124	2014	0.173
2001	0.085	2008	0.127	2015	0.174

均值:0.1100,标准差:0.0375

(二)网络关联性指标

笔者利用社会网络分析方法中的网络关联度指标以及网络效率指标来表示FTA网络的关联性。

(1)网络关联度指标可以反映出FTA网络的稳健性和脆弱性。如果任意国家间均存在一个或多个自由贸易区,那么整体网络就有很好的关联

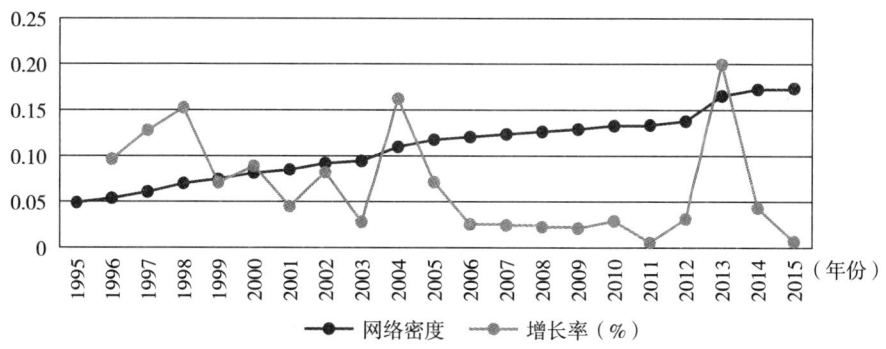

图 4-4 1995~2015 年 FTA 网络密度及增长率

性。如果在 FTA 网络中很多国家的自由贸易区都与某一个国家相连，那么 FTA 网络对该国家的依赖性就很高，一旦该国的自由贸易进程停滞，网络就可能不稳定，因此关联度指标就差。网络关联度指标的取值在 [0, 1]，假定网络中没有自由贸易区的国家数量为 m，FTA 网络关联度指标的计算公式为：

$$Connet = 1 - m / [n \times (n-1)/2] \tag{4-2}$$

表 4-8 全球 FTA 网络关联度指标的计算结果表明，1995 年时 FTA 网络的关联性很差，只有 0.108，网络的稳健性不足，也很脆弱。这一阶段在世界贸易组织框架下，各国对多边自由贸易体系建设充满信心，因此双边或诸边自由贸易进程比较缓慢。此后，与网络密度指标的趋势相同的是，FTA 网络关联度指标也保持着增长的态势。2008 年以后，FTA 网络关联度指标基本保持在 0.8 左右的水平，整体来看网络稳定性比较高，具备很好的空间关联性。从增长率情况来看（见图 4-5），网络关联度增长率指标的波动性远高于网络密度增长率。2006 年网络关联度增长率指标甚至为负，表明与之前年份相比，2006 年 FTA 网络的稳健程度下滑。但在遭遇金融危机之后，FTA 网络稳健性迅速回升，并保持基本稳健的状态。与此同时，FTA 网络密度则一直比较稳定地保持增长态势。两者的叠加效应表明，二十多年来，FTA 网络的空间关联性以及稳定性均在不断增加，实现了很高的空间关联程度和稳健性。

第四章 中国自由贸易区网络的空间格局

表 4-8 1995~2015 年 FTA 网络关联度

年份	网络关联度	年份	网络关联度	年份	网络关联度
1995	0.108	2002	0.477	2009	0.792
1996	0.132	2003	0.656	2010	0.792
1997	0.200	2004	0.692	2011	0.792
1998	0.205	2005	0.704	2012	0.792
1999	0.284	2006	0.661	2013	0.792
2000	0.319	2007	0.661	2014	0.819
2001	0.347	2008	0.792	2015	0.819

均值：0.564，标准差：0.260

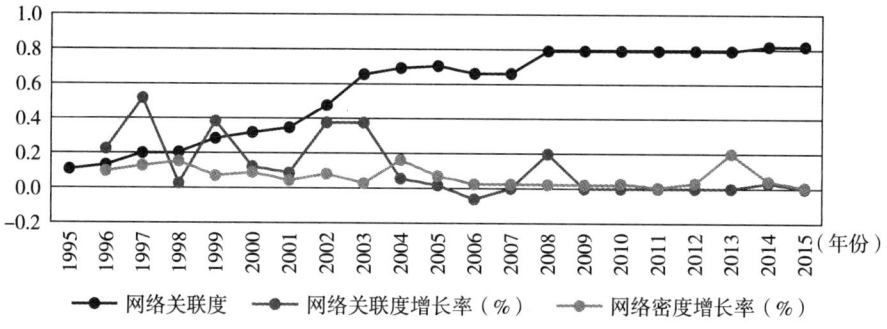

图 4-5 FTA 网络关联度、网络关联度增长率、网络密度增长率

（2）FTA 网络效率指标反映的是 FTA 网络中国家之间的连接效率，即在网络中包含的成分数确定的背景下，FTA 网络的重叠冗余程度。在当前 FTA 网络重叠化、碎片化的背景下，网络效率指标可以度量出被学者称为"意大利面条碗现象"里自由贸易区的叠加程度。FTA 网络效率指标越低，表明国家间存在较多的自由贸易区协议，自由贸易区叠加程度较高，网络空间联系也更复杂。FTA 网络效率指标的取值在 [0，1]，假定网络中多余"线"的数量为 D，Max（D）为最大可能的多余"线"的数量，FTA 网络效率指标的计算公式为：

$$\text{Efficiency} = 1 - D/\text{Max}(D) \tag{4-3}$$

FTA 网络在空间关联度指标以及稳健性指标持续上升的同时,图 4-6 却表明整体网络的效率经历了上升至制高点后转而下降的局面。1995~2003 年,随着 FTA 网络空间联系的加强,网络效率进而也在加大,表明这一阶段整体网络冗余程度并不高。2004 年之后的十几年来,尽管有更多的国家加快双边或诸边自由贸易区谈判的步伐,但整体来看 FTA 网络的效率却在下滑,网络的冗余程度提高,继而对贸易自由化进程构成一定的阻碍。

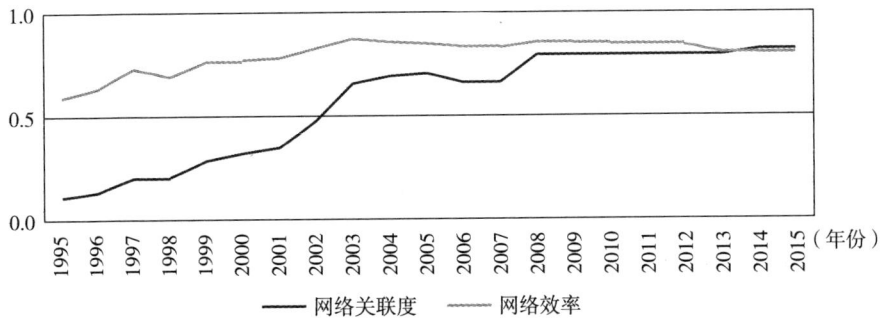

图 4-6 1995~2015 年 FTA 网络效率与网络关联度

第三章的第一节和第二节从理论机制视角试图解释当前全球 FTA 网络化的现象。本节通过网络动态学工具对 1995~2015 年全球自由贸易区整体网络结构指标进行度量的结果则对全球 FTA 网络化现象提供了定量的数据支持,即二十多年来全球 FTA 网络的空间密度、空间关联性以及稳定性等空间结构指标都处于上升趋势,FTA 网络节点之间的空间联系增强,节点受空间网络整体系统影响也逐年加大,同时近年来 FTA 网络效率下降也表明随着 FTA 网络的扩展和叠加,网络的冗余程度也在上升。

二、个体空间网络地位指标

国家(地区)在 FTA 网络中越处于中心位置以及越关键,其在 FTA 网络中的影响力就越明显,个体(国家)的网络中心性指标可以用度数中心度、中间中心度、接近中心度以及特征向量中心度指标来进行衡量。

（一）度数中心度

度数中心度指标是指一国达成 FTA 的国家数量与该国最大可能达成 FTA 国家数目（N-1）之比，即：

$$\text{Relative} = n/(N-1) \tag{4-4}$$

表4-9 FTA 网络度数中心度指标描述性统计

年份	均值	标准差	年份	均值	标准差
1995	0.049	0.070	2006	0.121	0.115
1996	0.054	0.072	2007	0.124	0.116
1997	0.061	0.079	2008	0.127	0.118
1998	0.070	0.083	2009	0.129	0.119
1999	0.075	0.087	2010	0.133	0.118
2000	0.081	0.087	2011	0.134	0.118
2001	0.085	0.089	2012	0.175	0.149
2002	0.092	0.096	2013	0.166	0.144
2003	0.095	0.096	2014	0.174	0.149
2004	0.110	0.111	2015	0.175	0.149
2005	0.118	0.116			

整体来看，1995~2015 年 FTA 网络度数中心度指标呈现逐年上升的趋势，这也反映出全球自由贸易区之间的空间关联更加紧密（见表4-9）。

（二）中间中心度

中间中心度指标是指一国在多大程度上影响其他国家之间的关联关系。中间中心度越高则意味着该国很可能在 FTA 网络中起着重要的"中介"作用，也就更加处于网络的中心地位。假定国家对 i 国、j 国存在的"捷径"（最短路径）数目为 g_{ij}，i 国、j 国之间存在的经过第三国 k 的"捷径"数目为 $g_{ij}(k)$，k 控制 i 国、j 国之间关联程度的概率为 $P_{ij}(k) = g_{ij}(k)/g_{ij}$。中间中心度指标可以分为两类——绝对中间中心度和相对中间中心度。绝对中间中心度指标的计算公式为：

$$ABetween = \sum_{i}^{N}\sum_{j}^{N} P_{ij}(k), i \neq j \neq k, i < j \tag{4-5}$$

相对中间中心度指标的计算公式则为：

$$RBetween = \frac{2ABetween}{N^2 - 3N + 2} \tag{4-6}$$

表4-10 FTA网络中间中心度指标描述性统计[①]

年份	均值	标准差	年份	均值	标准差
1995	0.113	0.505	2006	0.876	2.563
1996	0.172	0.789	2007	0.815	2.286
1997	0.337	1.113	2008	1.121	2.885
1998	0.248	0.939	2009	1.092	2.973
1999	0.113	0.505	2010	1.066	2.794
2000	0.425	1.344	2011	1.029	2.932
2001	0.458	1.384	2012	0.997	2.758
2002	0.792	2.229	2013	0.839	1.746
2003	1.230	3.141	2014	0.825	1.652
2004	1.144	3.170	2015	0.819	1.66
2005	1.093	2.815			

与度数中心度指标稳定增长趋势不同的是，1995~2015年FTA网络中间中心度指标呈现较大波动（见图4-7）。1997~1999年、2003~2007年以及2012~2013年三个时段，FTA网络的中间中心度均出现下降。2015年FTA网络的中间中心度数值与2007年水平大致相当。这表明随着FTA网络中个体空间联系日趋紧密，整体来看，网络中个体（国家或地区）对其他自由贸易区之间空间联系的影响趋弱。

---

① 相对中间中心度指标更能准确反映出个体的"中介"地位，因此我们采用该指标来衡量自由贸易区网络中间中心度情况，下文的接近中心度指标也采取类似方法进行处理。

第四章 中国自由贸易区网络的空间格局

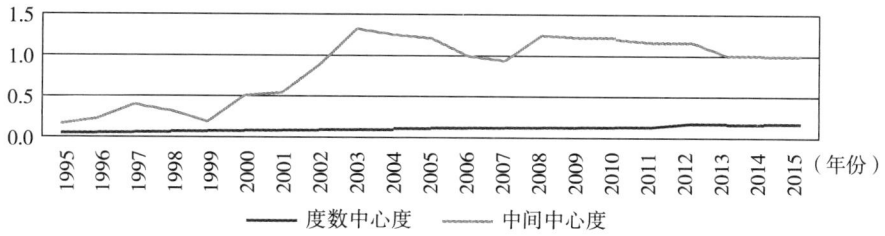

图 4-7 FTA 网络度数中心度与中间中心度指标对比

(三) 接近中心度

接近中心度指标衡量 FTA 网络中一国与其他国家的接近程度。一国在 FTA 网络中的接近中心度指标越高，表明与其他国家 FTA 联系越密切，其在 FTA 网络中越接近中心地位。接近中心度指标也可以分为两类——绝对接近中心度和相对接近中心度。绝对接近中心度指标是该国与所有国家的捷径距离之和，计算公式为：

$$Aclose_i^{-1} = 1/\sum_j^N d_{ij} \quad (4-7)$$

而相对接近中心度的计算公式则为 $Rclose_i = (N-1)/Aclose_i^{-1}$ （4-8）

表 4-11 FTA 网络接近中心度指标描述性统计

年份	均值	标准差	年份	均值	标准差
1995	0.559	0.451	2006	2.922	1.243
1996	0.600	0.474	2007	3.002	1.093
1997	0.716	0.561	2008	5.118	1.557
1998	0.744	0.549	2009	5.131	1.561
1999	0.920	0.658	2010	5.142	1.565
2000	1.045	0.661	2011	5.157	1.568
2001	0.559	0.451	2012	5.171	1.574
2002	1.598	0.913	2013	5.241	1.597
2003	2.812	1.319	2014	6.019	1.732
2004	3.259	1.378	2015	6.022	1.733
2005	3.002	1.093			

表 4-11 的计算结果表明,随着时间的推移,FTA 网络接近中心度指标呈现出逐年增加的趋势,这意味着随着全球自由贸易区网络的扩张,国家间 FTA 联系日趋紧密。

(四)特征向量中心度

特征向量中心度从网络整体的角度测度一个国家(节点)是否处于 FTA 网络影响力的中心,可被视为是以邻近国家影响力为权重的中心度[①],即根据相邻国家在 FTA 网络的重要性来衡量该国的价值。特征向量中心度越高,表明该国在与邻近国家影响力为权重进行判定时,越处于网络的权重影响中心。因而该指标测度的是整体 FTA 网络中最核心的成员。表 4-12 的计算结果表明,FTA 网络特征向量中心度指标逐年增加,且波动幅度很小。

表 4-12 FTA 网络特征向量中心度指标描述性统计

年份	均值	标准差	年份	均值	标准差
1995	0.039	0.076	2006	0.049	0.070
1996	0.039	0.076	2007	0.050	0.070
1997	0.041	0.075	2008	0.050	0.069
1998	0.050	0.069	2009	0.051	0.069
1999	0.043	0.074	2010	0.051	0.069
2000	0.044	0.074	2011	0.051	0.069
2001	0.044	0.073	2012	0.052	0.068
2002	0.046	0.072	2013	0.056	0.065
2003	0.046	0.072	2014	0.057	0.064
2004	0.048	0.071	2015	0.057	0.064
2005	0.049	0.070			

---

① 张勤,李海勇. 入世以来我国在国际贸易中角色地位变化的实证研究——以社会网络分析为方法 [J]. 财经研究,2012,38(10):79-89.

三、全球自由贸易区网络核心—边缘结构分析

核心—边缘（Core-Periphery）结构分析是依据网络中节点之间联系的紧密程度，将全体节点分为核心和边缘两个区域，其目的是研究网络中各节点的位置关系。作为现实社会网络的一个简明关系视图。核心—边缘结构可以通过离散的核心—边缘关联模型对全球 FTA 网络进行分析。核心—边缘结构的理想模型是将网络节点分为两组，即其中一组成员之间空间联系紧密，形成凝聚区块，即网络的核心区域。而另一组成员之间没有空间联系，但它们都与核心区域成员之间存在空间联系。但在现实网络中，核心区域成员空间联系紧密，但不一定组成一个派系。处于网络边缘区域的成员间也可能存在少量空间联系，同时也不一定与所有核心成员都存在空间联系（刘军，2004），因此现实网络往往与理想模型存在差距。

因为国家数量较多，仅划分为核心、边缘两类区域显得范围有些过大，因此笔者对 2015 年全球 FTA 网络进行两次划分。第一次划分我们筛选出的核心区域包括摩洛哥、奥地利、比利时、保加利亚、伯利兹、瑞士、智利、喀麦隆等 86 个国家（地区），边缘区域则包括印度尼西亚、中国香港、印度、牙买加、日本等 51 个国家（地区），它们之间的空间联系见图 4-8。从图 4-8 中可以看出，核心区域内部，成员在 FTA 网络中的空间联系比较紧密；核心区域与边缘区域成员存在较少的空间联系；边缘区域成员内部也存在一定的空间联系。

接下来，我们继续对第一次划分出的 86 个国家（地区）进行核心—边缘分析，从而得到最终的核心区域为包括摩洛哥、奥地利、比利时、保加利亚、伯利兹、瑞士、智利、哥伦比亚、哥斯达黎加、塞浦路斯等 45 个国家（地区），而安哥拉、阿联酋、阿根廷、亚美尼亚、澳大利亚、巴西、文莱、加拿大、中国、古巴等 41 个国家（地区）则作为半边缘区域，它们之间的空间联系见图 4-9。从图 4-9 中可以看出，在 45 个国家（地区）核心区域内部，成员在 FTA 网络中的空间联系十分紧密；核心区域与半边缘区域成员存在一定的空间联系；半边缘区域成员内部几乎没有多少空间联系。具体核心区域、半边缘区域、边缘区域的国家（地区）名单见表 4-13。

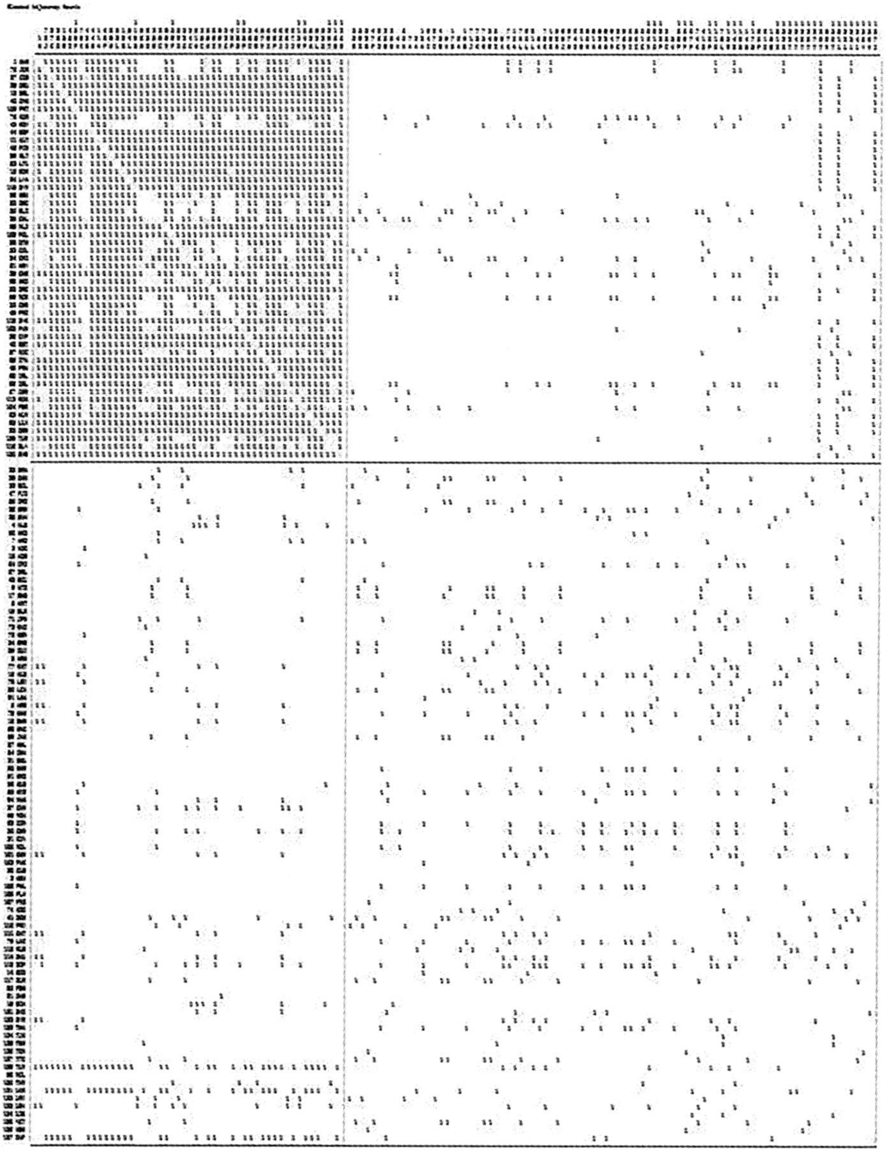

图 4-8 第一次核心—边缘区域划分后的国家（地区）空间联系

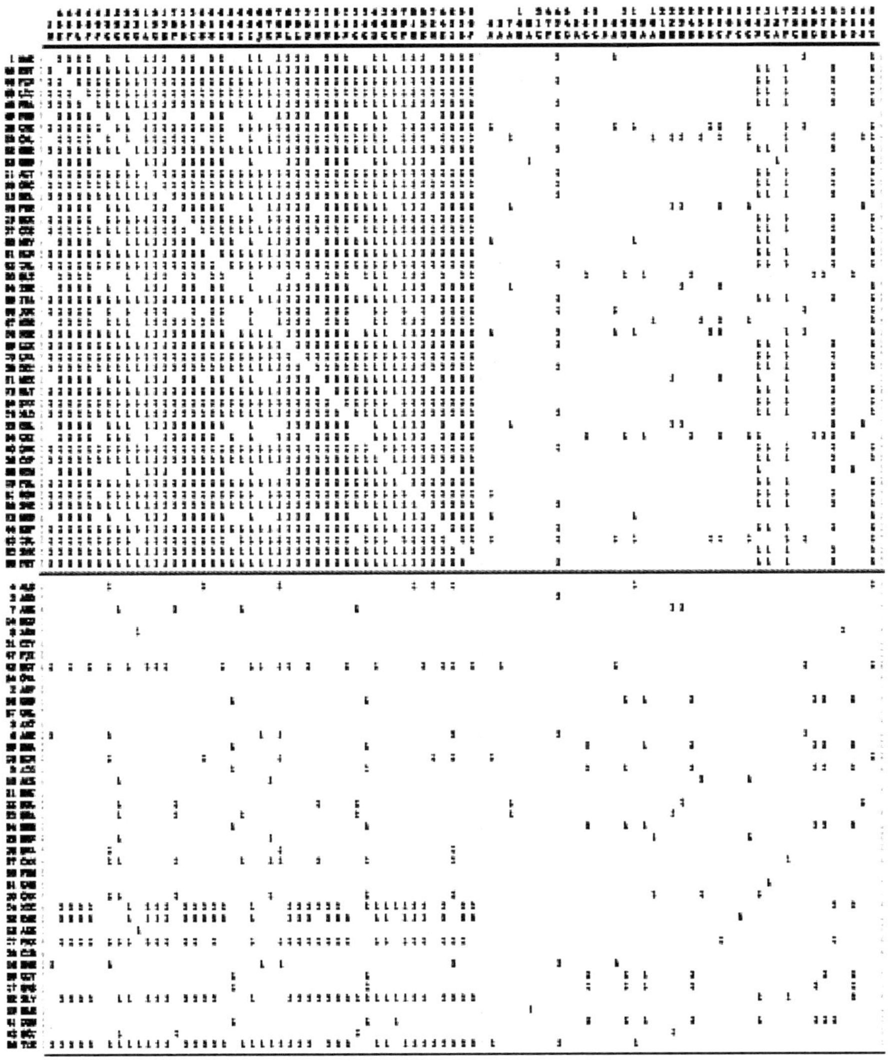

图 4-9 第二次核心—边缘区域划分后的国家（地区）空间联系

表 4-13　2015 年全球 FTA 网络核心区域、半边缘区域、边缘区域成员名单

核心区域		半边缘区域		边缘区域	
摩洛哥	匈牙利	阿鲁巴岛	加拿大	印度尼西亚	菲律宾
奥地利	爱尔兰	安哥拉	中国	印度	帕劳
比利时	冰岛	阿尔巴尼亚	科特迪瓦	牙买加	巴布亚新几内亚
保加利亚	以色列	荷属安的列斯群岛	喀麦隆	日本	巴拉圭
伯利兹	意大利	阿联酋	古巴	哈萨克斯坦	卡塔尔
瑞士	约旦	阿根廷	多米尼克	肯尼亚	俄罗斯
智利	韩国	亚美尼亚	多米尼加共和国	吉尔吉斯斯坦	沙特阿拉伯
哥伦比亚	立陶宛	安提瓜和巴布达	厄瓜多尔	柬埔寨	新加坡
哥斯达黎加	卢森堡	澳大利亚	埃及	科威特	苏里南
塞浦路斯	拉脱维亚	阿塞拜疆	斐济	老挝	斯威士兰
捷克	墨西哥	孟加拉国	密克罗尼西亚	利比亚	叙利亚
德国	马其顿	巴林	加蓬	圣卢西亚	泰国
丹麦	马耳他	巴哈马	加纳	斯里兰卡	塔吉克斯坦
西班牙	荷兰	波黑	格林纳达	中国澳门	土库曼斯坦
爱沙尼亚	挪威	白俄罗斯	格陵兰岛	马绍尔群岛	汤加
芬兰	秘鲁	百慕大	圭亚那	缅甸	特立尼达和多巴哥
法国	波兰	玻利维亚	尼加拉瓜	蒙古	突尼斯
法罗群岛	葡萄牙	巴西	巴拿马	毛里求斯	中国台湾
英国	罗马尼亚	巴巴多斯	萨尔瓦多	马来西亚	乌克兰
乔治亚州	斯洛伐克	文莱	土耳其	纳米比亚	乌拉圭
希腊	斯洛文尼亚	博茨瓦纳		新喀里多尼亚	美国
危地马拉	瑞典			尼日利亚	乌兹别克斯坦
克罗地亚				新西兰	圣文森特和格林纳丁斯
				阿曼	萨摩亚
				巴基斯坦	南非
				中国香港	

第四章 中国自由贸易区网络的空间格局

正如第三章第一节自由贸易区网络构建中的"轮轴—辐条"模型的理论分析指出的那样,作为轮轴国,贸易小国的获益要高于大国,贸易小国更有动力积极推动 FTA 谈判,从而在自由贸易区网络中占据优势地位。核心—边缘结构模型的分析结果也支持了上述结论,即在全球自由贸易区网络中,摩洛哥、奥地利、伯利兹、瑞士、智利、哥伦比亚、哥斯达黎加、冰岛、约旦、以色列、马其顿、法罗群岛、乔治亚州、危地马拉等贸易小国或地区在网络核心区域国家①中占据了很大比例。

第三节 中国自由贸易区网络的空间关联

一、中国的自由贸易区网络

(一)中国自由贸易区网络的构建

20 世纪末期,亚洲国家普遍认识到区域贸易自由化和经济一体化的重要性,因此中国自贸区建设起步较晚,2003 年从开始 FTA 进程并最先与港澳地区完成相关贸易自由化谈判。朱镕基于 2000 年 11 月提出建立中国—东盟自贸区的设想,得到东盟各国的积极响应,并在 2004 年 11 月达成协议,正式全面启动中国的 FTA 建设。② 此后,中国逐步与东盟、智利等南美洲国家以及冰岛等欧洲国家达成 FTA 协议。在自由贸易区网络构建的起步阶段,中国只是与周边的巴基斯坦、新加坡、东盟以及秘鲁、智利等南美洲自贸区活跃的国家达成自贸区协议,覆盖范围有限。

2007 年党的十七大报告指出,"实施自由贸易区战略"是"拓展对外

---

① 欧盟的前身——欧共体成员在 1968 年建成关税同盟时已经实现内部贸易自由化,因此欧盟国家一直处于自由贸易区网络的核心区域。
② 中国—东盟自由贸易区 [EB/OL]. 新华网, http://news.xinhuanet.com/world/2013-10/09/c_117641113.html, 2013-10-09.

开放广度和深度,提高开放型经济水平"的重要途径和手段①,从而把自由贸易区建设提升至为国家战略,中国的自贸区建设至此进入快速发展的新阶段。党的十八大报告和十八届三中全会也明确指出,中国自由贸易区网络建设要在"坚持世界贸易体制规则,坚持双边、多边、区域次区域开放合作"的基础上,加快各种新议题例如环境保护、投资保护、电子商务等方面的谈判。2014 年 12 月习近平主席在中共中央政治局第十九次集体学习时强调加快实施自由贸易区战略,是适应经济全球化新趋势的客观要求,同时也是全面深化改革、构建开放型经济新体制的必然选择和实现我国对外战略目标的重要手段。中国要加快实施自由贸易区战略,发挥自由贸易区对贸易投资的促进作用,帮助企业开拓国际市场,为我国经济发展注入新动力、增添新活力、拓展新空间,要逐步构筑起立足周边、辐射"一带一路"、面向全球的自由贸易区网络。② 2015 年 11 月,习近平在出席亚太经合组织工商领导人峰会上进一步提出,要加快亚太自由贸易区建设,推进区域经济一体化进程,最大限度地增强自由贸易安排的开放性以及包容性。

2015 年 12 月国务院正式出台《关于加快实施自由贸易区战略的若干意见》(以下简称《意见》)③,是我国自由贸易区建设十分重要的"顶层设计"。《意见》提出优化我国 FTA 网络空间格局要坚持"扩大开放、深化改革;全面参与、重点突破;互利共赢、共同发展;科学评估、防控风险"等原则。《意见》对我国在周边、"一带一路"和全球三个层次 FTA 建设做出明确规划,一是加快构建周边自由贸易区。力争和所有与我国毗邻的国家和地区建立自由贸易区,不断深化经贸关系,构建合作共赢的周边大市场。二是积极推进"一带一路"自由贸易区。结合周边自由贸易区建设和推进国际产能合作,积极同"一带一路"沿线国家商建自由贸易区,形成"一带一路"大市场,将"一带一路"打造成畅通之路、商贸之

---

① 中国共产党第十七次全国代表大会上报告 [EB/OL]. 人民网, http://www.chinapeople.com/peopleele/pqrty/pqrtyinfo.aspx? pid=4044, 2019-06-10.
② 习近平系列重要讲话数据库 [EB/OL]. 人民网, http://jhsjk.people.cn/article/29023879, 2017-06-10.
③ 国务院关于加快实施自由贸易区战略的若干意见 [EB/OL]. 中华人民共和国中央人民政府, http://www.gov.cn/zhengce/content/2015-12/17/content_10424.htm, 2015-12-17.

路、开放之路。三是逐步形成全球自由贸易区网络。争取同大部分新兴经济体①、发展中大国、主要区域经济集团和部分发达国家建立自由贸易区，构建金砖国家大市场、新兴经济体大市场和发展中国家大市场等，使我国大部分对外贸易、双向投资实现自由化和便利化。

在一系列鼓励和支持自由贸易区建设的政策推动下，中国签订FTA的步伐逐渐加快，生效FTA协议数量持续增加。目前中国已与东盟、韩国、澳大利亚、格鲁吉亚、马尔代夫等签署16个FTA协定，涉及24个国家或地区。②中国自由贸易区网络建设初步取得成效，也成为全球自由贸易区网络的有机组成部分（见图4-10）。在数量增加的同时，中国FTA协议"质量"得到大幅提升。中国积极推动现有FTA协议的升级，例如已经完成与东盟十国"10+1"自贸区、新加坡等贸易协定的升级任务，并且与巴基斯坦、新西兰、智利等正在进行贸易升级谈判。尽管与欧美等发达国家签署的FTA协议条款深度仍存在差距，近年来中国与韩国、澳大利亚达成FTA协议的质量远高于早期的自由贸易区，协定中均涉及服务贸易、知识产权、电子商务等深度开放的内容，标志着中国FTA谈判的领域更加广泛，内容更加深入。

此外，在大型FTA谈判方面，目前中国参与的，由东盟于2012年发起并主导的包含日本、韩国、澳大利亚、新西兰、印度等成员方的"区域全面经济伙伴关系协定"谈判也已经取得实质性进展，成员领导人会议于2018年11月14日在新加坡举行，会议发表的联合声明表达了谈判各方在2019年达成协议的决心。③

（二）中国自由贸易区网络的建设成效

通常用自由贸易区网络覆盖率来衡量一国自由贸易区网络的建设成效。从表4-14中可以看出，目前我国已经与全球五大洲的诸多国家构建

---

① 新兴11国包括阿根廷、巴西、中国、印度、印度尼西亚、韩国、墨西哥、俄罗斯、沙特、南非和土耳其11个新兴经济体。资料来源于博鳌亚洲论坛《新兴经济体发展2017年度报告》。

② 自贸区谈判数据 [EB/OL]. 中国自由贸易区服务网，http：//fta.mofcom.gov.cn/index.shtml, 2018-11-02.

③ RCEP首脑会议在新加坡举行，确认将在2019年达成最后妥协 [EB/OL]. 中国自由贸易区服务网，http：//fta.mofcom.gov.cn/article/rcep/rcepgfgd/201811/39368_1.html, 2018-11-15.

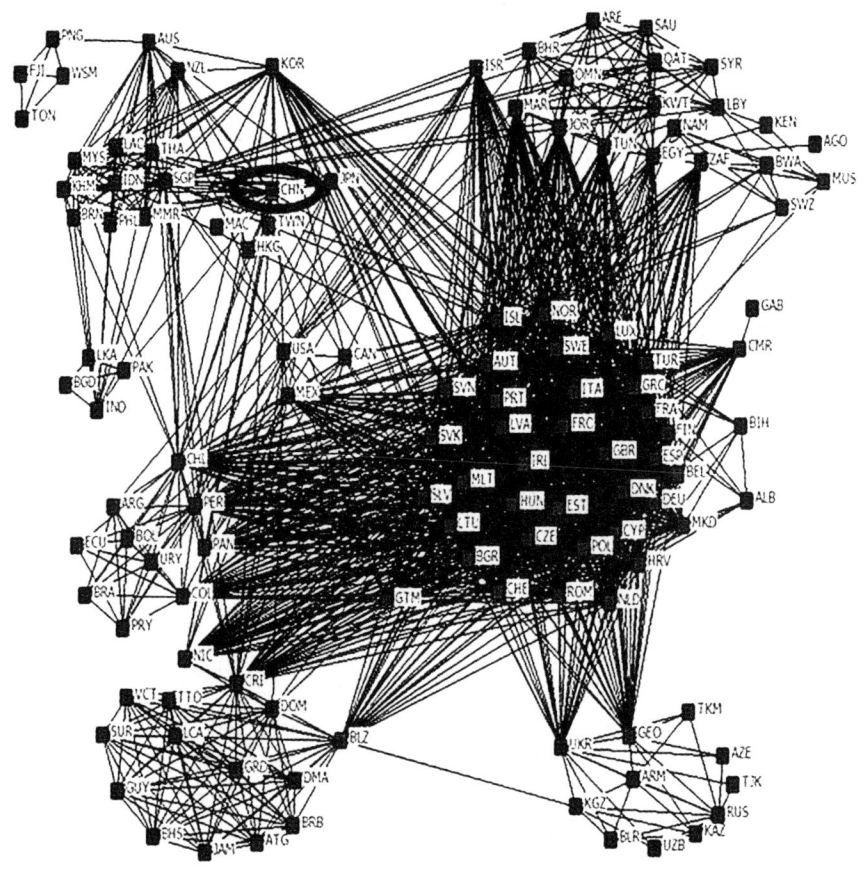

图 4-10 2015 年中国在 FTA 网络中的位置

起自由贸易区网络,其中重要 FTA 伙伴多位于地理距离较近的亚洲和大洋洲地区。

2015 年我国已经生效 FTA 的总覆盖率约为 40.6%,其中亚洲约为 33%,大洋洲次之,约为 3.2%,美洲及欧洲各为 1.3% 及 1.1%。瑞士作为我国在欧洲地区最大的 FTA 伙伴,与中国双边贸易额约为我国对外贸易总额的 1.1%,其他欧洲伙伴如冰岛占我国对外贸易比重低于 0.1%。

第四章 中国自由贸易区网络的空间格局

表 4-14 2015 年中国自由贸易区网络覆盖率

单位:%

	FTA 对象	周边/邻近国家	"一带一路"国家	所在洲	进出口	出口	进口
已经生效或结束谈判	中国香港	—	—	亚洲	8.7	14.5	0.8
	中国澳门	—	—	亚洲	0.1	0.2	0.0
	中国台湾	—	—	亚洲	4.8	2.0	8.5
	东盟	是	是	亚洲	11.9	12.2	11.6
	巴基斯坦	是	是	亚洲	0.5	0.7	0.1
	智利	否	否	南美洲	0.8	0.6	1.1
	新西兰	否	否	大洋洲	0.3	0.2	0.4
	秘鲁	否	否	南美洲	0.4	0.3	0.5
	新加坡	否	是	亚洲	2.0	2.3	1.6
	哥斯达黎加	否	否	拉丁美洲	0.1	0.1	0.0
	冰岛	否	否	欧洲	0.0	0.0	0.0
	瑞士	否	否	欧洲	1.1	0.1	2.4
	韩国	是	否	亚洲	7.0	4.5	10.4
	澳大利亚	否	否	大洋洲	2.9	1.8	4.4
	格鲁吉亚	否	否	亚洲	0.0	0.0	0.0
	马尔代夫	否	是	亚洲	0.0	0.0	0.0
合计（16 个国家和地区）					40.6	39.5	41.8
谈判中	海湾合作委员会（GCC）	否	是	亚洲	3.5	3.0	4.1
	挪威	否	否	欧洲	0.2	0.1	0.2
	日本、韩国	是	否	亚洲	14.0	10.4	18.9
	区域全面经济合作伙伴关系协定（RCEP）	—	—	亚洲、大洋洲	30.9	27.2	36.0
	斯里兰卡	否	是	亚洲	0.1	0.2	0.0
	以色列	否	是	亚洲	—	—	—
	南部非洲关税同盟①	否	否	非洲	1.2	0.7	1.8

① 南部非洲关税同盟 SACU 成员国为南非、纳米比亚、博茨瓦纳、斯威士兰、莱索托 5 个国家。

续表

	FTA 对象	周边/邻近国家	"一带一路"国家	所在洲	进出口	出口	进口
联合研究	印度	是	是	亚洲	1.8	2.6	0.8
	哥伦比亚	否	否	南美洲	0.3	0.3	0.2
	尼泊尔	是	是	亚洲	0.0	0.0	0.0
	摩尔多瓦	否	是	欧洲	0.0	0.0	0.0
	斐济	否	否	大洋洲	0.0	0.0	0.0
	蒙古	是	是	亚洲	0.1	0.1	0.2
	加拿大	否	否	北美洲	1.7	2.3	0.9
	孟加拉国	否	是	亚洲	0.3	0.5	0.0
	毛里求斯	否	否	非洲	0.0	0.0	0.0

资料来源：日本贸易振兴社、商务部及联合国贸发会网站。

二、中国在自由贸易区网络中的空间关联分析

（一）中心性分析

我们用 FTA 网络中心度指标——度数中心度、中间中心度、接近中心度以及特征向量中心度来详细分析中国在自由贸易区网络的个体空间地位情况（见表4-15）。

表4-15　2004~2016年中国自由贸易区网络的中心度指标

年份	度数中心度	中间中心度	接近中心度	特征向量中心度
2004	0.015	0.011	0.741	0.000
2005	0.015	0.011	3.555	0.000
2006	0.074	2.364	3.493	0.112
2007	0.088	3.122	3.551	0.644
2008	0.096	4.887	5.731	0.641
2009	0.103	4.878	5.734	0.654
2010	0.126	5.951	5.777	0.740

续表

年份	度数中心度	中间中心度	接近中心度	特征向量中心度
2011	0.126	6.035	5.809	0.756
2012	0.126	4.880	5.812	0.934
2013	0.126	3.736	5.832	1.812
2014	0.140	4.223	6.650	2.649
2015	0.156	4.559	6.673	3.047
2016	0.156	4.561	7.143	3.063

（1）度数中心度指标衡量的是中国达成 FTA 的国家数量与最大可能达成 FTA 国家数目之比。2004~2016 年中国的度数中心度增加了 10 倍左右，表明中国与其他国家或地区之间在自由贸易区网络中的空间关联更加紧密。

（2）中间中心度指标衡量的是中国如何影响其他国家之间的 FTA 关联关系。2004~2016 年中国的相对中间中心度指标从最初的 0.011 增加至 2016 年的 4.561，表明中国在 FTA 网络中的"中介"作用也大幅增加。但需要指出的是，中国的相对中间中心度指标并不是随年份增加而逐年增长的，在 2011 年达到峰值之后便逐年下降，近几年稳定在金融危机前的水平。这表明随着各个国家都在推动 FTA 网络建设，中国对其他自由贸易区之间空间联系的影响也逐渐保持稳定。

（3）接近中心度指标衡量的是中国在 FTA 网络中与其他国家的接近程度。随着时间的推移，中国 FTA 网络接近中心度指标呈现出逐年增加的趋势，从 2004 年的 0.741 增加到 2016 年的 7.143。这意味着随着自由贸易区网络的扩张，中国与其他国家的 FTA 联系也日趋紧密。

（4）特征向量中心度从网络整体的角度测度中国是否处于 FTA 网络影响力的中心，即中国相邻国家在 FTA 网络的重要性。总体而言，随着自由贸易区网络建设进程的推进，中国的特征向量中心度指标也在逐年增加。从 2004 年的零值到 2016 年的 3.063，表明中国邻近国家在 FTA 网络中的影响力也在增加，因而中国在全球 FTA 网络中核心程度也在上升。

此外，从全球范围来看，在四个中心度指标中，中国在中间中心度指标方面表现最好，在全部 137 个国家中排名稳定在前十，度数中心度、接近中心度以及特征向量中心度等处于 50~60 位的水平。

（二）块模型分析

块模型是社会分析网络中进行空间关联分析的主要方法，是一种研究网络位置模型的方法。块模型是把 FTA 网络中的行动者区分为位置 A_1、A_2、A_3、…、A_N，并对各个位置（块）在网络中的角色进行分析，将行动者的关系映射进以块为单位的位置关系中，从而达到简化网络关系的目的。通常采用 α-密度指标法，α 是临界密度值，一般用整体网络密度来表示。Snyder 和 Kick（1979）用块模型方法研究世界经济体系。笔者将通过块模型分析，考察 FTA 网络的发展状况，揭示 FTA 网络的内部结构状态，找到 FTA 网络中板块数量以及每个板块所包含的国家，进而分析各板块之间的空间关系及连接方式。我们根据 Concor 迭代相关收敛法，将 2015 年的 FTA 网络进行三次分区，采用的收敛标准为 0.174。[①] 经过迭代计算之后，图 4-11 为各国（地区）在 FTA 网络各位置情况的树形图。

块模型分析结果将全部 137 个国家（地区）划分成为 8 个区块：第一区块成员包括摩洛哥、伯利兹、智利、喀麦隆、哥伦比亚、哥斯达黎加、埃及、法罗群岛、乔治亚州、危地马拉、以色列、约旦、韩国、墨西哥、马其顿、尼加拉瓜、巴拿马、秘鲁、萨尔瓦多、突尼斯、乌克兰、南非；第二区块成员包括奥地利、比利时、保加利亚、瑞士、塞浦路斯、捷克、德国、丹麦、西班牙、爱沙尼亚、芬兰、法国、加蓬、英国、希腊、克罗地亚、匈牙利、爱尔兰、冰岛、意大利、立陶宛、卢森堡、拉脱维亚、马耳他、荷兰、挪威、波兰、葡萄牙、罗马尼亚、斯洛伐克、斯洛文尼亚、瑞典、土耳其、中国台湾；第三区块成员包括安哥拉、阿尔巴尼亚、阿拉伯联合酋长国、巴林、波斯尼亚和黑塞哥维那、博茨瓦纳、科威特、纳米比亚、阿曼、卡塔尔、沙特阿拉伯、斯威士兰；第四区块成员包括阿根廷、玻利维亚、巴西、加拿大、厄瓜多尔、乌拉圭、美国；第五区块成员包括阿鲁巴岛、荷属安的列斯群岛、亚美尼亚、阿塞拜疆、白俄罗斯、百慕大、科特迪瓦、古巴、斐济、密克罗尼西亚、加纳、格陵兰岛、哈萨克斯坦、肯尼亚、吉尔吉斯斯坦、利比亚、马绍尔群岛、蒙古、毛里求斯、新喀里多尼亚、尼日利亚、帕劳、俄罗斯、叙利亚、塔吉克斯坦、土库曼斯坦、汤加、乌兹别克斯坦、萨摩亚；第六区块成员包括安提瓜和巴布

---

① 2015 年整体网络密度值为 0.1737，据此确定收敛标准取值。

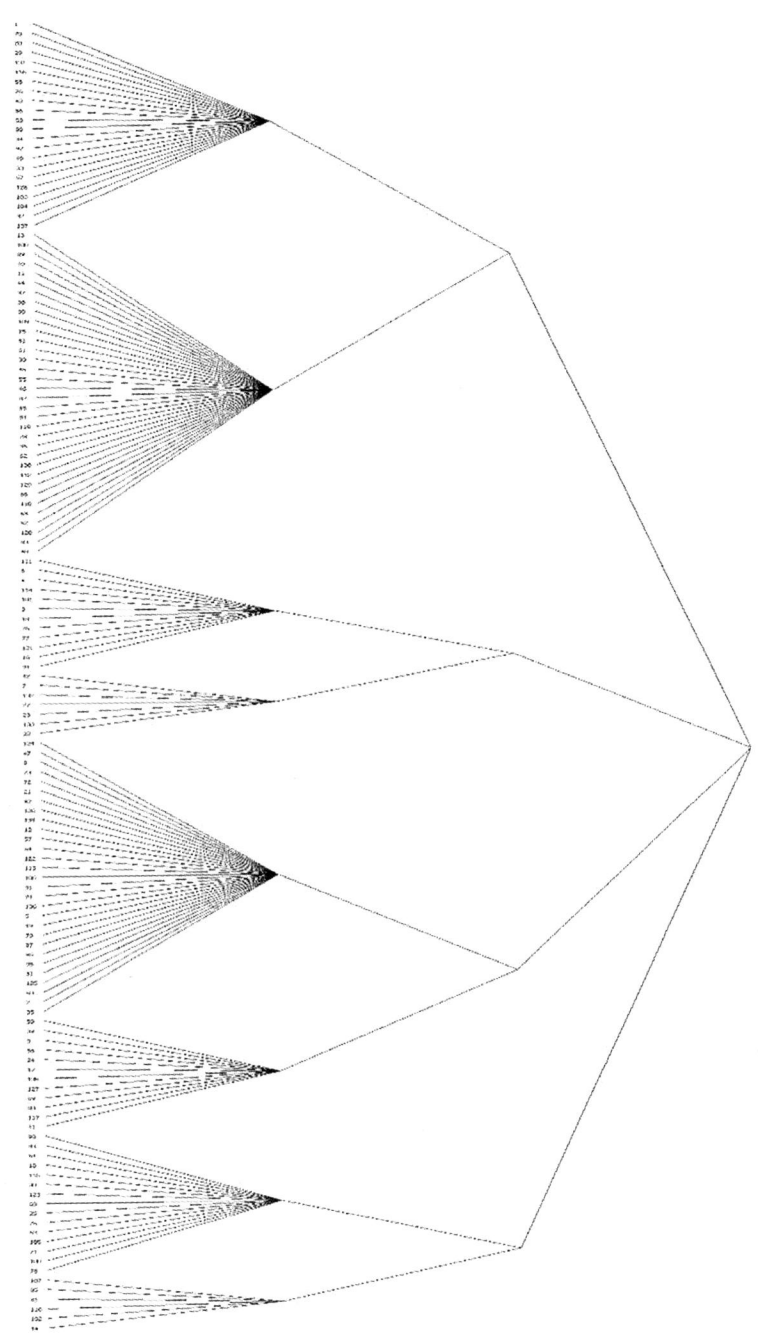

图 4-11　2015 年 FTA 网络位置关系

达、巴哈马、巴巴多斯、多米尼克、多米尼加共和国、格林纳达、圭亚那、牙买加、圣卢西亚、苏里南、特立尼达和多巴哥、圣文森特和格林纳丁斯；第七区块成员包括中国、澳大利亚、文莱、中国香港、印度尼西亚、印度、日本、柬埔寨、老挝、缅甸、马来西亚、新西兰、菲律宾、新加坡、泰国；第八区块成员包括孟加拉国、斯里兰卡、中国澳门、巴基斯坦、巴布亚新几内亚、巴拉圭。

表4-16 块模型密度矩阵

	1	2	3	4	5	6	7	8
1	0.147	0.852	0.114	0.247	0.039	0.102	0.082	0.030
2	0.861	0.884	0.093	0.013	0.001	0.000	0.018	0.000
3	0.114	0.093	0.288	0.024	0.046	0.000	0.033	0.000
4	0.247	0.013	0.024	0.429	0.000	0.012	0.019	0.119
5	0.038	0.001	0.046	0.000	0.057	0.000	0.000	0.017
6	0.102	0.000	0.000	0.012	0.000	1.000	0.000	0.000
7	0.088	0.016	0.033	0.019	0.000	0.000	0.810	0.067
8	0.030	0.000	0.000	0.119	0.017	0.000	0.067	0.200

注：$R^2 = 0.659$。

块模型得到的最终拟合度为0.659，表明该块模型分组结果与理想模型的关系紧密，相关度较高，结果是可信的。实验结果的密度矩阵见表4-16，根据2015年整体网密度值情况，得到八个区块之间FTA网络关系的像矩阵[①]表，见表4-17。

表4-17 FTA网络关系像矩阵

	1	2	3	4	5	6	7	8
1	0	1	0	1	0	0	0	0
2	1	1	0	0	0	0	0	0
3	0	0	1	0	0	0	0	0

---

① 块模型得到的密度大于临界密度的情况，记为1；小于临界密度，则记为0，据此构建出的二值1-mode有向矩阵为像矩阵。

续表

	1	2	3	4	5	6	7	8
4	1	0	0	1	0	0	0	0
5	0	0	0	0	0	0	0	0
6	0	0	0	0	0	1	0	0
7	0	0	0	0	0	0	1	0
8	0	0	0	0	0	0	0	0

从像矩阵分析结果可以看出 FTA 网络区块之间的溢出效应（见表4-17）。第一区块国家 FTA 空间联系的溢出效应主要体现在第二、第四区块；第二区块国家 FTA 空间联系的溢出效应主要体现在第一区块和其内部；第三、第六及第七区块国家 FTA 空间联系的溢出效应主要体现在这些区块内部；第四区块国家 FTA 空间联系的溢出效应主要体现在第一区块和其内部；第五、第八区块对其他区块的国家 FTA 空间联系基本没有任何影响，因此表现不活跃。

块模型分析结果揭示了中国在全球自由贸易区网络的空间联系。总体看来，第一区块国家在自由贸易区网络中比较活跃，与第二、第四区块国家网络空间联系紧密；第二区块的欧盟国家以及第四区块的美洲国家等不仅自身因区域经济一体化而具有了密切的内部 FTA 网络空间联系，而且还接收来自第一区块国家如以色列、约旦、韩国等国家的溢出效应。中国位于第七区块，第三、第六及第七区块的国家在 FTA 空间联系溢出效应方面主要体现在这些区块的内部，区块间的联动效应并不突出。

在块模型分析过程中，中国所在的第七区块成员包括了澳大利亚、文莱、中国香港、印度尼西亚、印度、日本、柬埔寨、老挝、缅甸、马来西亚、新西兰、菲律宾、新加坡、泰国国家或地区，他们也均为区域全面经济伙伴关系（RCEP）谈判成员。块模型的分析结果表明，在这些国家的 FTA 空间联系方面，内部关系占据着优势地位，从而进一步明确了 RCEP 谈判对中国的 FTA 网络空间格局具有举足轻重的意义。

第五章 中国自由贸易区网络、全球价值链与多元化开放利益

第一节 FTA 对国家间经济联动效应的影响与冲击

一、引言

当前，中国已经成为世界第二大经济体及第一大贸易国，经济发展迈入"新常态"阶段，同时对外贸易与开放环境也发生了改变。目前，WTO 主导的全球自由贸易谈判陷入停滞状态，而区域自由贸易安排不断涌现。在此背景下，中国亟须拓展新的发展平台和空间。以"丝绸之路经济带"和"21 世纪海上丝绸之路"为核心的"一带一路"倡议，是中国积极参与全球治理机制发展理念的重要体现，也是新型全球化背景下区域经济合作的重要平台。在"一带一路"倡议下，我国尤为强调建设以国际化分工为纽带的"命运共同体"，最终目标是实现"五通三同"①，促进"一带一路"国家实现共同繁荣。在此过程中，"一带一路"沿线国家之间客观的经济波动关联程度即 GDP 波动的同步水平便显得十分关键。因此对"一带

---

① "五通"是指政策沟通、设施联通、贸易畅通、资金融通、民心相通，"三同"是指利益共同体、责任共同体和命运共同体。

第五章　中国自由贸易区网络、全球价值链与多元化开放利益

一路"沿线国家经济联动效应及其影响因素,尤其是贸易强度以及 FTA 等影响进行定量分析,有助于正确评估新全球化背景下我国与"一带一路"沿线国家经济联系以及我国在其经济发展中的角色和作用,对促进我国经济在新常态环境下的持续稳定增长,实现中国与"一带一路"国家经济的共同繁荣与开放等均具有重要的理论价值和现实意义。

本书研究的特色体现在以下方面:从研究对象角度来说,将"一带一路"沿线国家①总体作为研究对象进行分析和考察,突破以往研究多从中国与某些国家双边角度的限制,从整体上对"一带一路"国家间经济联动规律进行研究②,充足的观测对象也使我们能够进一步按照不同时段和国家对研究主题进行细化分析。从研究方法角度来说,采用准相关系数法构造"一带一路"国家经济联动指数,不仅最大限度地保留了有效观测值,而且克服了相关系数法下回归误差项不满足正态分布的缺陷;估计中采用面板数据工具变量法,克服重要影响变量——贸易强度的内生性问题;同时引入一些重要的外部因素,例如国际石油价格及法律体系等纳入其中,使分析结果更为全面、有效。

二、文献综述

近年来国际经济波动的贸易传导机制成为研究的热点领域。从理论背景来看,传统的古典、新古典以及新贸易理论均指出,贸易与国际专业化分工之间存在正向关联,但是国际专业化分工对国家间经济波动造成的冲击无法明确,因而贸易对国家间经济联动的综合效应便难以确定。学者认为如果经济波动的主要冲击来自特定产业,产业间贸易对国际间

---

① 研究样本包括阿尔巴尼亚、亚美尼亚、阿塞拜疆、巴林、孟加拉国、白俄罗斯、不丹、波黑、文莱、保加利亚、柬埔寨、克罗地亚、捷克、埃及、格鲁吉亚、匈牙利、印度、印度尼西亚、伊朗、伊拉克、以色列、约旦、哈萨克斯坦、韩国、科威特、吉尔吉斯斯坦、老挝、拉脱维亚、黎巴嫩、立陶宛、马其顿、马来西亚、马尔代夫、蒙古、尼泊尔、阿曼、巴基斯坦、菲律宾、波兰、卡塔尔、罗马尼亚、俄罗斯、沙特阿拉伯、塞尔维亚、新加坡、斯里兰卡、塔吉克斯坦、泰国、土耳其、乌克兰、阿联酋、越南、也门等。

② 忽略统计数据缺失因素的话,理论上的观测值数量有 34344 个,即观测值 = $n(n+1) \times$ years/2,其中 n 为 53 个国家,总体观测值数量为 $\frac{53 \times 54 \times 24}{2} = 34344$。在处理过程中,由于处理方法以及不同变量数据缺失情况不同,导致实际观测值也因此发生变化。

经济联动将起到负面影响；而产业内贸易则对国际间经济联动产生正面作用。

基于最优货币区域理论（Optimal Currency Areas，OCA），Frankel 和 Rose（1998）最先对发达国家间的经济联动效应进行了实证研究，他们的结论表明发达国家间贸易强度对其经济联动程度的提高起到促进作用。Kose 和 Yi（2005）在真实经济周期理论基础上，提出了所谓的"贸易的协动性之谜"（Trade-Comovement Puzzle），即根据真实经济周期模型的预测，很难解释实证中发现的贸易强度对国家间经济联动效应的影响。近几年来，Crucini 等（2011）、梅冬州和赵晓军（2015）利用动态随机一般均衡模型（Dynamic Stochastic General Equilibrium Model，DSGE）、Johnson（2014）利用多国多部门真实经济周期模型等试图从不同方面对国际贸易与国家间经济波动问题进行理论分析，但他们的研究并没有得到学界的普遍认可。

在国际经济波动的贸易传导机制方面，学者通过实证研究发现除了国际专业化分工方式外，不同贸易品的类别（生产品与消费品、中间产品与最终产品）等也都对国家间经济联动效应产生影响（Imbs，2004；Ng，2007；Pentecote et al.，2010；肖威和刘德学，2013；Hirata et al.，2013）。在此基础上，学者对其他因素如产业结构的相似度（Kose & Yi，2005）、经济冲击的类型包括特有冲击与共同冲击（Frankel & Rose，1998）、金融一体化（Kose et al.，2003）、FDI（Sly & Weber，2013）、财政政策（孙瑾和郑雅洁，2014）也进行了研究。

在研究结论方面，大部分学者的研究支持了贸易强度对国家间经济联动的积极作用，但由于研究对象的异质性导致经济联动效应的强弱并不同。Frankel 和 Rose（1998）对发达国家的研究结论得到了很多学者的印证（Burstein et al.，2008；Di Giovanni & Levchenko，2010）。Calderon 等（2007）将研究对象扩展到发展中国家后，同样证实了贸易强度与经济周期协动性之间的正向关联，但发展中国家的关联性要弱于发达国家。但是也有一些学者的实证结论表明，贸易强度与国家间经济联动效应的关联并不密切。例如 Crosby（2003）就指出，对国家间经济波动来说，贸易因素并不重要。Girandin（2004）发现日本与某些东亚国家间的经济周期协动性之间的关联程度很弱。Lee 和 Koh（2012）则认为，东亚国家间建立货币同盟并不可行。

在中国与其他国家的经济联动效应方面,学者的研究结论也不统一。李浩等(2007)、袁富华等(2009)的实证结果发现,对外经济与贸易联系使中国经济周期波动收敛于世界经济周期,而中国特有的投资和消费模式使中国经济周期波动与世界经济脱钩。石林松等(2012)指出FDI已经成为影响中国与主要贸易对象国之间的经济周期同步性增强的主要因素。周晓艳等(2012)认为,外部突发因素和经济政策是导致中国经济周期波动的主导力量。麦延厚等(2015)发现,贸易在中国—亚太经济周期同步性中发挥的作用最强,分工次之,金融最弱。

综合来看,国内外学者对国家间经济联动效应的相关研究十分活跃,研究的理论基础有待于进一步的深化,实证分析的内容、对象、结论等方面也存在较大差异。目前,涉及"一带一路"国家整体经济联动效应的研究偏少,相关研究也多从中国与部分"一带一路"国家双边视角进行分析。我们的研究则从考察贸易传导渠道以及FTA协议影响的视角出发,将"一带一路"沿线国家总体作为研究对象进行分析和考察,不仅考察整体经济联动规律,而且也考察中国与"一带一路"国家双边经济联动效应。

三、宏观政策对国家间经济联动的影响路径分析

现实中,各国通过国际分工及对外贸易互相关联,因此宏观经济政策也通过贸易这一传导途径对国家间的经济联动产生冲击和影响。

(一)间接路径分析

宏观经济政策影响国家间经济联动的间接路径主要是指国家间货币、外汇储备政策的同步调整及区域贸易自由化协定的签署会影响各国之间的进出口贸易联系,进而冲击到这些国家间的经济联动程度。具体影响路径体现在以下方面:首先,当不同国家间达成了区域自由贸易协定,贸易自由化水平加深时,现有区域自由贸易协定成员之间的贸易壁垒就大为减少,他们之间的贸易强度就会增加;同时贸易强度的增加也会使他们进一步深化已有的区域贸易自由化水平以及寻求与其他国家达成更多的自由贸易协定。其次,当两国外汇储备政策的同步性增强以后,国家间汇率更加趋于稳定,这也有助于双边贸易联系的加强。最后,各国货币政策趋同带

来的冲击，通过利率、汇率等传导途径也对双方的进出口贸易产生影响。总之，这些宏观经济政策均通过贸易途径对国家间经济联动产生不同程度的影响，具体作用效果难以确定（见图5-1）。

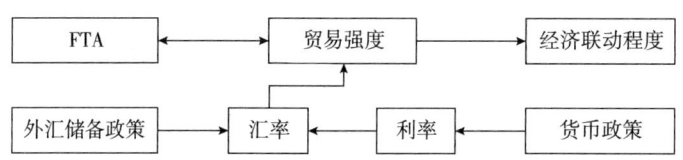

图5-1 宏观政策对国家间经济联动影响的间接路径

（二）直接路径分析

宏观经济政策影响国家间经济联动的直接路径主要是指各国财政政策同步程度的提高将直接导致出口贸易的增加，进而促进国家间经济联动。即当本国经济扩张时，本国政府支出会增加，其对全部商品包括来自外国的进口品的需求也增加了，因而导致外国出口的增加。而在出口的拉动下，外国经济容易步入扩张阶段，因此财政政策的趋同性有助于国家间经济联动程度的加强（见图5-2）。

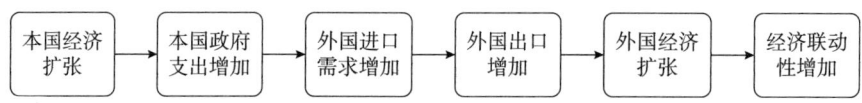

图5-2 宏观政策对国家间经济联动影响的直接路径

四、模型设定及变量说明

（一）估计模型设定

$$\text{Corr}_{ijt} = \alpha_0 + \alpha_1 \text{Trade}_{ijt} + \alpha_2 \text{Fis}_{ijt} + \alpha_3 \text{Mon}_{ijt} + \alpha_4 \text{Res}_{ijt} + \alpha_5 \text{RTA}_{ijt} + \alpha_6 \text{Control}_{ijt} + \varepsilon_{ijt}^1$$

(5-1)

$$\text{Trade}_{ijt} = \beta_0 + \beta_1 \text{Gravity}_{ijt} + \varepsilon_{ijt}^2 \tag{5-2}$$

其中，Corr_{ijt} 为 t 时期内"一带一路"国家 i 和国家 j 间经济波动的相关系数①，数值越大，代表他们之间经济联动的程度越高。Trade_{ijt} 为 t 时期内"一带一路"国家 i 和国家 j 间的双边贸易强度情况。Fis_{ijt} 为 t 时期内"一带一路"国家 i 和国家 j 间财政政策同步性程度，数值越大，代表他们之间财政政策趋同程度越高；反之则离散程度越高。同样地，Mon_{ijt}、Res_{ijt} 也分别代表着 t 时期内"一带一路"国家 i 和国家 j 间的货币政策以及外汇储备政策同步性程度，数值越大，代表他们之间货币及外汇储备政策趋同程度越高。RTA_{ijt} 代表着 t 时期内"一带一路"国家 i 和国家 j 间达成区域贸易自由协定的情况。Control_{ijt} 为各种控制变量。

（二）国家间经济联动程度的度量及演变

目前，国家间经济联动程度的度量方法十分繁多，主要分为两大类：一类是 Pearson 相关系数法。该类方法首先是将实际 GDP 波动分解为趋势和周期两部分。常用的分解方法主要有各种滤波分解法（张兵兵，2013）、结构 VAR（Claus，2000）、门限自回归模型（Herrerias & Ordonez，2014）、不可观测成分模型（Morley et al.，2003；Sinclair，2009；Blonigen et al.，2014）。接下来利用 Pearson 相关系数公式来计算国家间 GDP 波动的趋势以及周期部分的相关性，从而得出国家间经济联动的程度。

另一类是准相关系数法，即 Abiad 等（2013）②、Duval 等（2014）③ 所采用的各种经济协同联动指标构造方法。在国家间经济联动程度的度量

---

① "一带一路"通常包括中亚、东南亚、中东欧、南亚以及西亚、中东等地区的相关国家。但由于数据的可得性限制，本章节涉及"一带一路"沿线国家为阿尔巴尼亚、亚美尼亚、阿塞拜疆、巴林、孟加拉国、白俄罗斯、不丹、波黑、文莱、保加利亚、柬埔寨、克罗地亚、捷克、埃及、格鲁吉亚、匈牙利、印度、印度尼西亚、伊朗、伊拉克、以色列、约旦、哈萨克斯坦、韩国、科威特、吉尔吉斯斯坦、老挝、拉脱维亚、黎巴嫩、立陶宛、马其顿、马来西亚、马尔代夫、蒙古、尼泊尔、阿曼、巴基斯坦、菲律宾、波兰、卡塔尔、罗马尼亚、俄罗斯、沙特阿拉伯、塞尔维亚、新加坡、斯里兰卡、塔吉克斯坦、泰国、土耳其、乌克兰、阿联酋、越南、也门等国。

② Abiad A., Furceri D., Kalemli-Ozcan S., Pescatori A. Dancing Together? Spillovers, Common Shocks, and the Role of Financial and Trade Linkages [J]. World Economic Outlook, 2013（10）：81-111.

③ Duval R., Cheng K. C., Hwa Oh K., et al. Trade Integration and Business Cycle Synchronization: A Reappraisal with Focus on Asia [R]. Imf Working Papers, 2014.

方面，使用准相关系数的估计方法有以下优点：一是这类方法最大限度地保留了时间观测值，从而能够采用面板数据来实现分析过程。二是准相关系数得到的经济联动指标没有限定在-1和1之间，这样就可以避免Inklarr等（2008）指出的所谓利用Pearson相关系数值做因变量会出现回归的误差项不满足正态分布的情况，经济联动指标计算公式为：

$$\text{Corr}_{ijt} = \frac{(G_{it} - G_i^*) \times (G_{jt} - G_j^*)}{\sigma_i^G \sigma_j^G} \qquad (5-3)$$

其中，Corr_{ijt}为在t时期内国家i和国家j实际GDP增长率的准相关系数，即他们之间联动程度。G_{it}、G_{jt}分别表示t时期内国家i和国家j实际GDP增长率，具体用实际GDP取对数后数值的一阶差分来表示。G_i^*、σ_i^G以及G_j^*、σ_j^G则分别为国家i和国家j实际GDP增长率均值和标准差。图5-3为1991~2013年"一带一路"国家及分区域的平均经济联动情况。

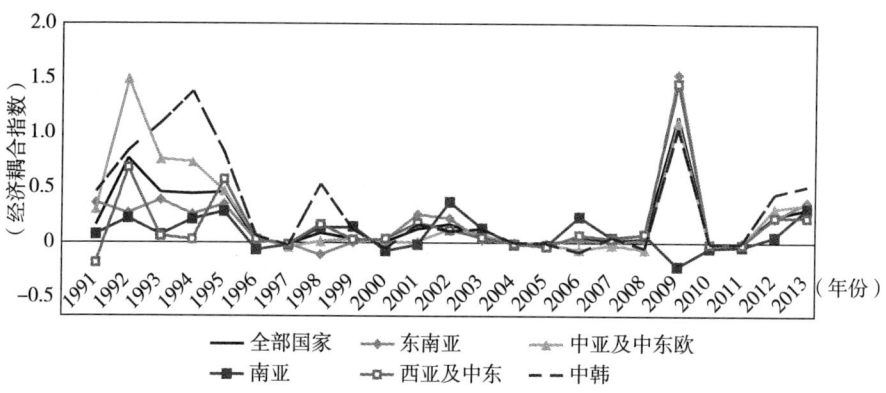

图5-3　1991~2013年"一带一路"国家间经济联动程度的演变

从图5-3中可以看出，"一带一路"国家间经济联动程度的演变有以下方面的特点：从时间角度来说，不同时段内经济联动指标波幅变化明显。具体说来，20世纪90年代初期以及2008~2010年国际金融危机两个时段波幅最大，1997~1999年东南亚金融危机期间也出现了较为明显的震动。关于这些时段波幅较大的原因，笔者认为主要可从两方面加以解释。一方面，源自区域内国家宏观经济政策的剧烈变动，例如1992年俄罗斯实

第五章 中国自由贸易区网络、全球价值链与多元化开放利益

施了后来被称为"休克疗法"的激进经济改革措施,继而引发通货膨胀严重的经济衰退、1992年中韩正式建交、1994年中国汇率制度的大幅改革及1997年东南亚金融危机等。另一方面,源自区域外宏观经济环境的影响,例如20世纪90年代初期日本经济泡沫破裂以及由美国次级债引发的全球金融危机。在图5-3中,全球金融危机期间"一带一路"各国(除了南亚国家)的平均联动指标达到了阶段性峰值。

从地域角度来看,不同区域内经济联动指标也存在较大差异。在所有"一带一路"国家中,中韩与其他国家经济联动程度最高,1991~2013年的均值达到了0.33,表明中韩两国经济波动对其他"一带一路"国家影响最为广泛。其次为中亚及中东欧国家(0.24)、东南亚国家(0.18)、西亚及中东国家(0.17)。南亚国家的平均经济联动程度最低,其经济联动指标均值仅为0.08,这表明南亚国家经济波动与"一带一路"其他国家关联程度最低。从图5-3中可以看出,其他"一带一路"国家经济联动指标具有比较相似的规律,但南亚国家在绝大多数年份经济联动指标的走势却与他们大不相同。尤其是在两次金融危机期间,当其他国家经济联动指标达到峰值时,南亚国家反而达到了低谷,这种背离说明南亚国家间具有独立于其他"一带一路"国家的经济联动规律。

(三)变量说明及数据来源

1. 双边贸易强度

构建公式为:

$$\text{Trade}_{ijt} = \frac{X_{ijt} + M_{ijt}}{GDP_{it} + GDP_{jt}} \tag{5-4}$$

其中,Trade_{ijt}为t时期"一带一路"国家i和国家j的双边贸易强度。X_{ijt}、M_{ijt}分别为t时期"一带一路"国家i与国家j间的出口贸易额和进口贸易额。[①] 国际贸易统计数据来自世界银行的 WITS(World Integrated Trade Solutions)数据库,GDP 数据来自国际货币基金组织(IMF)、国际金融统计(IFS)数据库。

---

① 由于在国际贸易统计中,t时期既有国家i向国家j的出口额统计数据,也有国家j从国家i的进口额的统计数据,且两者并不相等,本章选取了两者中比较大的金额为最终出口贸易额的数据,进口贸易额的处理方法也是如此。

2. 同步性指标

财政政策同步性指标（Fis_{ijt}）、外汇储备政策同步性指标（Res_{ijt}）的计算公式与式（5-3）类似，采用的具体指标为 t 时期"一带一路"国家 i、国家 j 的政府支出以及外汇储备数。货币政策同步性指标（Mon_{ijt}）则为 t 时期"一带一路"国家 i、国家 j 的利率差额的绝对值，并取对数。上述三个指标的数据均来自国际货币基金组织（IMF）、国际金融统计（IFS）数据库的数据。

3. 其他控制变量

我们将法律体系、国际石油价格、金融危机及人均 GDP、自由贸易区（FTA）等作为控制变量加入模型中。此外，考虑到贸易强度变量可能存在内生性问题，我们利用引力模型（$Gravity_{ijt}$）作为工具变量，通过两阶段最小二乘法进行估计，从而减少随机项与解释变量之间的相关性。引力模型变量（$Gravity_{ijt}$）采用的具体指标为：国家 i、国家 j 间是否接壤（contig）、官方语言是否相同（comlang_off）以及国家间的距离变量（取对数，lndist），数据来自法国国际预测中心（CEPII）数据库。所有变量的描述性统计参见表 5-1。

表 5-1 所有变量的描述性统计

变量	均值	标准差	最小值	最大值	观测值数目
$Corr_{ijt}$	0.1814	1.1313	-16.45810	14.1114	29285
$Trade_{ijt}$	-8.8803	3.0818	-25.18550	-1.3768	26476
Fis_{ijt}	0.0921	1.0743	-9.17950	15.3572	23853
Mon_{ijt}	-2.8740	1.2969	-13.20410	0.7822	19547
Res_{ijt}	0.0951	1.0423	-10.90760	16.3465	25907
FTA_{ijt}	0.1532	0.3602	0.00000	1.0000	34344
Law_{ij}	0.5730	0.4946	0.00000	1.0000	34344
Oil_t	44.8071	29.6435	14.42000	99.6700	34344
$Crisis_t$	0.1667	0.3727	0.00000	1.0000	34344
per sum$_{ijt}$	15.8117	2.1291	9.85060	22.4120	31491
per dif$_{ijt}$	1.5029	1.0800	0.00004	5.6540	31491

续表

变量	均值	标准差	最小值	最大值	观测值数目
Gravity$_{ijt}$：contig	0.0601	0.2377	0.00000	1.0000	34344
comlang_off	0.0531	0.2243	0.00000	1.0000	34344
lndist	8.1041	0.7984	4.71040	9.2785	34344

五、估计过程及结果

（一）全样本分析

1. 普通面板最小二乘估计

对全部"一带一路"国家样本的实证分析主要分为两步：首先，考虑到"一带一路"各国家经济发展方面存在异质性，本章研究选择控制了国家效应的固定效应模型来对式（5-1）进行普通面板最小二乘估计，控制变量为法律体系变量Law_{ij}、国际石油价格变量Oil_t、金融危机变量$Crisis_t$以及人均GDP的和与差（per sum$_{ijt}$、per dif$_{ijt}$）等，依次考察贸易强度、财政政策、货币政策、外汇储备政策同步性指标以及自由贸易区等变量的影响，估计结果分别见表5-2。

表5-2 普通面板最小二乘估计结果

解释变量	(1)	(2)	(3)	(4)	(5)	(6)
Trade$_{ijt}$	0.0159** (0.024)	0.0192*** (0.009)	0.0142* (0.063)	0.0093 (0.155)	0.0158** (0.025)	0.0126 (0.144)
Fis$_{ijt}$		0.3262*** (0.000)				0.3093*** (0.000)
Mon$_{ijt}$				-0.0140* (0.064)		-0.0113 (0.186)
Res$_{ijt}$					0.0352*** (0.000)	0.0269*** (0.010)

续表

解释变量	(1)	(2)	(3)	(4)	(5)	(6)
FTA_{ijt}					0.0383 (0.752)	0.1400** (0.013)
Law_{ij}	0.0369 (0.107)	0.0494** (0.043)	0.0107 (0.676)	0.0279 (0.185)	0.0367 (0.109)	0.0486* (0.100)
Oil_t	−0.0012*** (0.000)	−0.0016*** (0.000)	−0.0008** (0.011)	−0.0008*** (0.002)	−0.0012*** (0.000)	−0.0015*** (0.000)
$Crisis_t$	0.0109 (0.582)	−0.0170 (0.402)	−0.0167 (0.427)	−0.0212 (0.245)	0.0108 (0.584)	−0.0338 (0.146)
$per\ sum_{ijt}$	−0.0112 (0.145)	−0.0120 (0.143)	0.0010 (0.910)	−0.0047 (0.508)	−0.0117 (0.136)	0.0056 (0.591)
$per\ dif_{ijt}$	−0.0100 (0.699)	−0.0077 (0.777)	−0.0223 (0.451)	−0.0329 (0.173)	−0.0099 (0.703)	−0.0296 (0.380)
观测值	21599	17240	13787	18368	21599	10647

注：*、**、*** 分别代表显著水平为 10%、5% 和 1%，括号内的数值为 P 值。

从表 5-2 的普通面板最小二乘估计结果中可以看出：

首先，表中贸易强度变量的系数均为正，这说明贸易强度与"一带一路"国家间经济联动程度之间存在正向关联，即贸易的增加促进了"一带一路"国家间经济联系的密切程度。其次，在（2）栏、（4）栏及（6）栏中财政政策、外汇储备政策同步性指标变量不仅为正，而且在 1% 的水平上显著，表明"一带一路"国家间财政政策、外汇储备政策对经济联动的影响显著，当财政政策以及外汇储备政策同步程度提高时，其经济联动程度会显著地增加。接下来，在（3）栏、（6）栏中货币政策同步性指标变量的系数为负，说明货币政策同步程度的影响是相反方向的，即当"一带一路"国家间的货币政策差异性提高时，其经济联动程度才会增加。最后，（6）栏中的结果表明，FTA 变量的系数显著为正（变量系数值 0.1400），因而区域自由贸易协定的签署对"一带一路"国家间经济联动也起到了显著的促进作用。

需要指出的是，在控制变量中，国际石油价格及法律制度对"一带一路"国家间经济联动的影响也十分显著。在大部分情况下国际石油价格变量系数显著为负,这说明国际石油价格上涨使"一带一路"国家间经济联动程度趋弱,而国际石油价格下跌时,"一带一路"国家间经济关联程度将大大加强。同时,法律制度变量系数为正意味着法律制度对"一带一路"国家间经济联动起着正向作用,表明法律制度趋同的国家之间经济联动的程度也会相应增加。

2. 面板两阶段最小二乘估计

由于贸易强度变量可能存在内生性,使普通面板最小二乘估计的结果容易出现有偏和非一致性的问题。因此,为了处理贸易强度变量的内生性问题,笔者利用引力模型为主要工具变量,接下来进行了面板两阶段最小二乘估计。经过修正后的模型估计,最终得到的结果见表5-3。从表5-3中可以看出,在"一带一路"国家经济联动效应的冲击因素方面:

表5-3 面板两阶段最小二乘估计结果

解释变量	(1)	(2)	(3)	(4)	(5)	(6)
$Trade_{ijt}$	0.5732 (0.172)	-0.0615 (0.830)	-1.4900** (0.023)	-1.6649 (0.172)	1.1134* (0.087)	-5.3104 (0.651)
Fis_{ijt}		0.3267*** (0.000)				0.2680** (0.019)
Mon_{ijt}			-0.0212 (0.174)			-0.0204 (0.725)
Res_{ijt}				0.0693** (0.021)		0.0933 (0.562)
FTA_{ijt}					-0.2115 (0.155)	1.3535 (0.616)
Law_{ij}	0.0397 (0.131)	0.0515** (0.044)	-0.0378 (0.499)	0.0315 (0.496)	0.0457 (0.184)	0.1079 (0.637)
Oil_t	-0.0012*** (0.000)	-0.0016*** (0.000)	-0.0010 (0.138)	-0.0011* (0.061)	-0.0012*** (0.005)	-0.0010 (0.867)

续表

解释变量	(1)	(2)	(3)	(4)	(5)	(6)
$Crisis_t$	0.0180 (0.441)	-0.0182 (0.381)	-0.0341 (0.430)	-0.0541 (0.246)	0.0258 (0.400)	0.1279 (0.616)
$per\ sum_{ijt}$	-0.1602 (0.155)	0.0083 (0.909)	0.4090** (0.022)	0.4385 (0.174)	-0.2961* (0.080)	1.2917 (0.649)
$per\ dif_{ijt}$	0.0632 (0.313)	-0.0162 (0.690)	-0.1822** (0.047)	-0.2649 (0.134)	0.1321 (0.154)	0.2303 (0.640)
观测值	21599	17240	13787	18368	21599	10647

注：*、**、*** 分别代表显著水平为 10%、5%和 1%，括号内的数值为 P 值。

首先，双边贸易强度没有对"一带一路"国家间经济联动产生明显的冲击。在表 5-3 中，贸易强度变量系数有正有负，而且显著水平不高，因此双边贸易强度对"一带一路"国家间经济联动程度的影响并不显著。

其次，宏观政策对"一带一路"国家间经济联动的冲击效应存在较大差异，其中财政政策的影响最为显著，其他政策的作用并不突出。在（2）栏、（6）栏中，财政政策同步性变量系数显著为正，在包含全部变量的（6）栏中，其系数值为 0.268，表明财政政策对经济联动的程度影响很大。此外，外汇储备政策同步程度的提高、货币政策差异程度的增加均会对其经济联动程度产生正面冲击，但它们的影响并不显著。

最后，国际石油价格及法律制度对"一带一路"国家间经济联动的作用也不再显著。估计结果表明，国际石油价格仍然起负面冲击作用，当国际石油价格上涨时，"一带一路"国家间经济关联性将趋弱；同时法律制度趋同的"一带一路"国家之间，其经济联动的程度也会随之增强。

（二）子样本分析

1. 不同时段经济联动效应的子样本分析

分时段子样本分析为了研究不同时段的经济联动效应，本章节把全部样本时间划分为两个阶段：1990~1999 年及 2000~2013 年，分别利用面板工具变量法（固定效应）进行估计，结果参见表 5-4。

第五章 中国自由贸易区网络、全球价值链与多元化开放利益

表 5-4 "一带一路"国家经济联动效应的分时段分析

解释变量	（1） 1990~1999 年	（2） 2000~2013 年
Trade$_{ijt}$	0.0487 (0.801)	0.1974 (0.659)
Fis$_{ijt}$	0.2767*** (0.000)	0.2963*** (0.000)
Mon$_{ijt}$	-0.0238 (0.134)	-0.0141 (0.227)
Res$_{ijt}$	0.0360** (0.045)	0.0171 (0.344)
FTA$_{ijt}$	0.7180 (0.558)	0.1402 (0.331)
Law$_{ij}$	0.0098 (0.884)	0.0007 (0.989)
Oil$_t$	-0.0040*** (0.001)	-0.0040*** (0.000)
Crisis$_t$	-0.1183** (0.020)	-0.0254 (0.461)
per sum$_{ijt}$	0.0600 (0.261)	0.0089 (0.911)
per dif$_{ijt}$	-0.0756 (0.402)	0.0691 (0.201)
国家效应	Y	Y
观测值	3113	7534

注：*、**、*** 分别代表显著水平为 10%、5% 和 1%，括号内的数值为 P 值。

从表 5-4 的估计结果中可以看出：首先，双边贸易强度对"一带一路"国家间经济联动的影响并不明显。在 1990~1999 年及 2000~2013 年两个时段中虽然贸易强度系数都为正（前后两时段贸易强度变量系数值分别为 0.0487 及 0.1974，且后一阶段变量系数值要高于前一阶段），但均不显著。这表明在分时段子样本中，双边贸易强度对"一带一路"国家间经济

联动效应的影响也不明显，这一结论与面板两阶段最小二乘估计的全样本分析是一致的。

其次，在两个时段中，宏观政策的经济联动效应存在分化情况：财政政策一直发挥显著的正面影响，不随时间变化而改变。外汇储备政策的作用随着时间推移下降了，其变量系数在 1990~1999 年显著为正（系数值为 0.036），此后的 2000~2013 年却不再显著。货币政策及自由贸易区则在两个时段中的影响均不明显。

最后，国际石油价格变量的系数在 1990~1999 年及 2000~2013 年两个时段中均显著为负，表明国际石油价格的负面冲击效应十分明显。当前，国际石油价格正在低位徘徊，因此"一带一路"国家间经济联动的程度可能会随着国际油价的下跌而不断增强。法律制度因素变量系数在两个阶段均不显著，表明法律制度的影响有限。

2. 中国与"一带一路"国家双边经济联动效应的子样本分析①

为了对中国与"一带一路"国家双边经济联动效应做进一步研究，本章将其作为子样本，分别利用面板最小二乘法（OLS）及面板工具变量法（IV）进行分析，估计结果见表 5-5。从表 5-5 可以看出：首先，在中国子样本分析中，双边贸易强度对经济联动的促进作用并不明显。在面板最小二乘法及面板工具变量法两种估计结果中，贸易强度变量系数虽然为正（系数值分别为 0.0311 及 0.1934），但都不显著。因而虽然中国是贸易大国，贸易强度的影响也在增强，但同样没有显著地促进中国与其他"一带一路"国家之间的经济联动。这一结果与前文面板两阶段最小二乘估计的全样本分析结果保持了一致。

表 5-5　中国与"一带一路"国家经济联动效应的子样本分析

解释变量	(1) OLS	(2) IV
$Trade_{ijt}$	0.0311 (0.667)	0.1934 (0.773)

---

① 全部样本考察的是所有国家两两之间的关系，需要对中国与其他国家的双边关系也加以考察，所以进行中国与"一带一路"国家双边经济联动效应子样本分析。

续表

解释变量	(1) OLS	(2) IV
Fis_{ijt}	-0.1593***	-0.1547**
	(0.007)	(0.013)
Mon_{ijt}	-0.0152	-0.0127
	(0.726)	(0.778)
Res_{ijt}	0.0738	0.0775
	(0.244)	(0.236)
FTA_{ijt}	0.6821***	0.6794***
	(0.008)	(0.008)
Law_{ij}	-0.0814	0.0724
	(0.622)	(0.670)
Oil_t	-0.0044*	-0.0041
	(0.076)	(0.126)
$Crisis_t$	-0.2744**	-0.2362
	(0.041)	(0.253)
$per\ sum_{ijt}$	-0.0563	-0.1249
	(0.390)	(0.665)
$per\ dif_{ijt}$	0.4860**	0.3872
	(0.032)	(0.404)
国家效应	Y	Y
观测值	418	418

注：*、**、*** 分别代表显著水平为10%、5%和1%，括号内的数值为P值。

其次，在宏观政策的影响方面，子样本的结果体现了中国经济影响的"独特"之处。在中国子样本中，经济联动效应最重要的影响因素由全样本中的财政政策变为了区域自由贸易协定。在两种估计方法中，自由贸易区变量的系数均显著为正（其值分别为0.6821、0.6794），而且在所有变量系数中其绝对数值也最大。这说明自由贸易区是对中国与"一带一路"国家的经济联动起着关键作用的宏观政策因素。同时由于相当比例的中国自由贸易区协定伙伴是东盟的成员,这也从一个侧面反映了中国与东南亚国家紧密的经济联系。中国子样本分析结果的另一个特点是财政政策的冲击方向发生了改变,财政政策变量的系数显著为负(系数值为-0.1593、-0.1547),表明财政支出同步程度的提高会导致这些国家与中国之间经济联动的程度减弱。这种结果可以理解为中国大国效应的一种体现,即当中国的财政支出扩张时,其他国家即使选择非扩张性的财政支出政策也可以保持与中国同样的发展趋势,共享中国经济成长的红利。此外,在宏观政策方面,中国子样本分析结果也有与全样本一致的地方,即货币政策及外汇储备政策的作用都不显著。

六、研究结论及政策建议

我们对"一带一路"国家之间宏观政策的经济联动效应进行研究,同时也分时段及国家进行分析,具体研究的结论为:

(1)双边贸易强度并没有显著促进"一带一路"国家间经济联动程度的提高。实证分析结果表明,在"一带一路"沿线国家经济联系中,双边贸易强度并没有起到显著的促进作用。这是因为从地理范围来讲,"一带一路"国家多为亚洲及中东欧的发展中国家,内部贸易量所占比重偏低,而用贸易强度来衡量就更低。在"一带一路"国家中,双边对外贸易占其GDP之和比例均值仅为0.21%,最大值为25.24%。事实上,中国的主要贸易伙伴也是美国、日本以及欧盟中的成员等而非"一带一路"涉及的国家。因此双边贸易强度对"一带一路"国家之间经济联动的积极作用并不显著。

(2)宏观政策对"一带一路"国家间经济联动产生了显著的冲击效应,但也存在着差异。全样本和分时段子样本的分析比较类似,即财政政策的促进作用最为显著,外汇储备、货币政策及FTA等影响有限。中国子样本的分析表明,FTA的影响最为重要,财政政策次之,货币政策及外汇储备政策的作用则均不明显。此外,国际石油价格的波动以及法律制度对"一带一路"国家间经济联动的作用也不容忽视,是推动他们之间经济融合的共同驱动因素。

在此研究结论的基础上,笔者提出以下方面的政策建议:首先,以"一带一路"倡议为契机,各国应积极构建多元化的贸易合作体系,推动

第五章　中国自由贸易区网络、全球价值链与多元化开放利益

沿线经济开放和贸易繁荣。双边贸易强度对国家间经济联动具有促进作用已经在很多国家的经验中得到了印证，但"一带一路"国家间这种作用却没有发挥出来。这反映出"一带一路"沿线国家间贸易强度仍然偏弱的事实。同时并不是单纯提高"一带一路"国家间的双边贸易就一定能促进他们之间的经济联动。以中国为例，中国与很多中东、中亚国家的贸易都是依据比较优势原则进行的产业间贸易，此类贸易强度的增加反而会降低国家间经济联动的水平。因此中国提出的"一带一路"倡议契合了当前形势发展的需要，相关国家应该在此平台上加强和推动他们之间的贸易合作，促进对外贸易发展的深度融合。

其次，"一带一路"国家政府间应该加强宏观经济政策的协调与合作，提高政策的透明度。"一带一路"倡议不仅是中国进一步对外开放和发展的新平台，也是沿线众多国家，尤其是发展中国家实现经济同步增长与繁荣的重要推动力量。分析表明，宏观政策尤其是财政政策对"一带一路"国家之间经济联动效应产生了显著作用和影响。因此，在当前世界经济发展动力不足，国际金融危机深层次负面影响仍然存在的背景下，"一带一路"国家要做到共同抵御经济风险，共享经济成长的空间，就必须在制定宏观政策时充分考虑对他国的影响，防止负面外溢效应，提高政策的透明度。

最后，中国应积极推动"一带一路"沿线自由贸易区谈判，实现多层次的区域自由贸易化。欧盟、俄罗斯等均提出了"一带一路"区域内贸易自由化的解决方案，贸易自由化格局主导权竞争异常激烈。欧盟的策略是在不断吸纳"一带一路"国家成为其成员的基础上，与其他"一带一路"国家等积极签署双边或多边自由贸易协议。俄罗斯则是将欧亚经济联盟作为其主导的区域贸易自由化平台。① 中国与"一带一路"国家达成的自由贸易区比较少，多集中在东盟及其成员国之间。《国务院关于加快实施自由贸易区战略的若干意见》明确指出，要建设涵盖"一带一路"沿线国

---

① 波兰、匈牙利、捷克、拉脱维亚、立陶宛、罗马尼亚、保加利亚、克罗地亚等"一带一路"国家先后加入欧盟。欧盟分别与土耳其（1996）、以色列（2000）、埃及（2004）、塞尔维亚（2010）、韩国（2011）等签署了自由贸易协定。欧亚经济联盟是由俄罗斯与白俄罗斯、哈萨克斯坦、亚美尼亚、塔吉克斯坦、吉尔吉斯斯坦组成的区域经济一体化组织，计划在未来建立起统一的药品市场（2016年前）、电力市场（2019年前）以及石油、天然气和石油产品市场（2025年前）。

家，辐射全球的自由贸易区网络。目前中国正积极与"一带一路"国家进行各种层次、跨区域的贸易自由化谈判与合作，不断增加区域内自由贸易区的数量，以贸易自由化为联系纽带推动"一带一路"国家实现经济共同繁荣和增长。

第二节　中国自由贸易区网络的双边贸易利益分析

一、总贸易核算框架及数据来源

（一）基于全球价值链分解的总贸易核算框架

20世纪后期以来，贸易自由化水平的提高、运输成本的降低以及信息通信技术的进步使国际分工由过去垂直型分工向产业间、产业内及产品内分工并存的混合型国际分工新格局转变。在跨国公司的组织下，各类中间产品通过贸易在国家之间交换，在全球范围内实现生产、加工、装配等环节的有效衔接，国际分工日趋精细化及专业化，从而带动国际中间品贸易规模迅速扩大。国际产业转移也逐步演变为产业链条及产品工序的分解与全球性配置。

在此背景下，基于全球价值链的专业化分工已经成为主要的国际分工模式，传统的贸易总量统计方式已经不能有效地反映出世界贸易发展格局。从增加值贸易视角进行的总贸易分解方法则在国际贸易总量统计与国民经济核算体系之间建立起系统性联系，这能够更好地解释当前世界贸易发展的内在趋势。

当前，基于全球价值链的贸易增加值测度方法主要有两种：一种是企业层面的微观核算方法，包括产品层面的价值链分解（如苹果手机、波音飞机等）以及企业增加值率核算等；另一种是源于里昂惕夫（1936）经典的投入产出方程的宏观核算模型，即突破传统贸易总值为基础的核算方法限制，从全球价值链分解原理出发对贸易增加值进行分解和核算，主要包

第五章 中国自由贸易区网络、全球价值链与多元化开放利益

括两类投入产出模型——单国模型和多国模型。王直等（2015）[①] 指出，单国投入产出模型只能刻画出口中隐含的国内增加值，进口则被视为系统外部输入，同时也不能厘清全部国内增加值。因此，包括 Timmer 等（2013[②]，2014[③]）、Koopman 等（2014）[④]、Wang 等（2013）[⑤]、王直等（2015）和 Wang 等（2017a[⑥]，2017b[⑦]）等国内外主流研究主要采用多国投入产出模型来进行基于全球价值链的定量分析，其中在总贸易方面采用的主要核算方法如下：

表 5-6　三国投入产出模型

投入 \ 产出		中间使用			最终使用			总产出
		S 国	R 国	T 国	S 国	R 国	T 国	
中间投入	S 国	Z^{ss}	Z^{sr}	Z^{st}	Y^{ss}	Y^{sr}	Y^{st}	X^s
	R 国	Z^{rs}	Z^{rr}	Z^{rt}	Y^{rs}	Y^{rr}	Y^{rt}	X^r
	T 国	Z^{ts}	Z^{tr}	Z^{tt}	Y^{ts}	Y^{tr}	Y^{tt}	X^t
增加值		VA^s	VA^r	VA^t	—	—	—	—
总投入		$(X^s)'$	$(X^r)'$	$(X^t)'$	—	—	—	—

以三国（S、R、T）投入产出模型为例（见表 5-6）[⑧]，双边贸易流可

[①] 王直，魏尚进，祝坤福. 总贸易核算方法：官方贸易统计数据与全球价值链的度量 [J]. 中国社会科学，2015（9）：108-127.

[②] Timmer, M. P., Los, B., Stehrer R. and De Vries, G. J. Fragmentation, Incomes and Jobs: An Analysis of European Competitiveness [J]. Economic Policy, 2013 (28): 613-661.

[③] Timmer, M. P., Erumban, A. A., Los, B., Stehrer, R., De Vries, G. J. Slicing Up Global Value Chains [J]. Journal of Economic Perspectives, 2014, 28 (2): 99-118.

[④] Koopman Robert, Wang Zhi and Wei Shang-Jin, Tracing Value-added and Double Counting in Gross Exports [J]. American Economic Review, 2014, 104 (2): 459-494.

[⑤] Wang Zhi, Wei Shang-Jin, Zhu Kunfu. Quantifying International Production Sharing At the Bilateral and Sector Level [R]. NBER Working Paper, 2013.

[⑥] Wang Zhi, Wei Shang-Jin, Yu Xinding and Zhu Kunfu. Characterizing Global Value Chains: Production Length and Upstreamness [R]. NBER Working Paper, 2017a.

[⑦] Wang Zhi, Wei Shang-Jin, Yu Xinding and Zhu Kunfu. Measures of Participation in Global Value Chains and Global Business Cycles [R]. NBER Working Paper, 2017b.

[⑧] 总贸易核算方法的介绍来源于王直等（2015）。

以表示为：

$$E^{sr} = Y^{sr} + A^{sr}X^r \qquad (5-5)$$

S 国向 R 国的最终出口可以分解为：

$$Y^{sr} = (V^s B^{ss})^T \times Y^{sr} + (V^r B^{rs})^T \times Y^{sr} + \left(\sum_{t \neq s, r}^{G} V^t B^{ts}\right)^T \times Y^{sr} \qquad (5-6)$$

S 国向 R 国的中间出口可以分解为：

$$A^{sr}X^r = A^{sr}B^{rr}Y^{rr} + A^{sr}\sum_{t \neq s, r}^{G} B^{rt}Y^{tt} + A^{sr}B^{rr}\sum_{t \neq s, r}^{G} Y^{rt} + A^{sr}\sum_{t \neq s, r}^{G} B^{rt}\sum_{u \neq s, r}^{G} Y^{tu} +$$

$$A^{sr}B^{rr}Y^{rs} + A^{sr}\sum_{t \neq s, r}^{G} B^{rt}Y^{ts} + A^{sr}B^{rs}Y^{ss} + A^{sr}\sum_{t \neq s}^{G} B^{rs}Y^{st} \qquad (5-7)$$

S 国向 R 国的总出口表示为：

$$E^{sr} = (V^s B^{ss})^T \times Y^{sr} + (V^s L^{ss})^T \times (A^{sr}B^{rr}Y^{rr}) +$$

$$(V^s L^{ss})^T \times \left(A^{sr}\sum_{t \neq s, r}^{G} B^{rt}Y^{tt} + A^{sr}B^{rr}\sum_{t \neq s, r}^{G} Y^{rt} + A^{sr}\sum_{t \neq s, r}^{G}\sum_{u \neq s, t}^{G} B^{rt}Y^{tu}\right) +$$

$$(V^s L^{ss})^T \times \left(A^{sr}B^{rr}Y^{rs} + A^{sr}\sum_{t \neq s, r}^{G} B^{rt}Y^{ts} + A^{sr}B^{rs}Y^{ss}\right) +$$

$$(V^s L^{ss})^T \times \left(A^{sr}\sum_{t \neq s}^{G} B^{rs}Y^{st}\right) + (V^s B^{ss} - V^s L^{ss})^T \times (A^{sr}X^r) +$$

$$(V^r B^{rs})^T \times Y^{sr} + \left(\sum_{t \neq s, r}^{G} V^t B^{ts}\right)^T \times Y^{sr} +$$

$$(V^r B^{rs})^T \times (A^{sr}L^{rr}Y^{rr}) + \left(\sum_{t \neq s, r}^{G} V^t B^{ts}\right)^T \times (A^{sr}L^{rr}Y^{rr}) +$$

$$(V^r B^{rs})^T \times (A^{sr}L^{rr}E^{r*}) + \left(\sum_{t \neq s, r}^{G} V^t B^{ts}\right)^T \times (A^{sr}L^{rr}E^{r*}) \qquad (5-8)$$

因此，双边总出口最终被分解为 16 项不同来源的增加值和重复计算部分（见图 5-4），主要包括被国外吸收的国内增加值（DVA）、返回国内的增加值（RDV）、国外增加值（FVA）和重复计算部分（PDC）。

在全球生产模块化背景下，我们采用上述基于多国投入产出的增加值贸易分解框架来对中国与 FTA 成员双边贸易利益进行定量分析。

第五章 中国自由贸易区网络、全球价值链与多元化开放利益

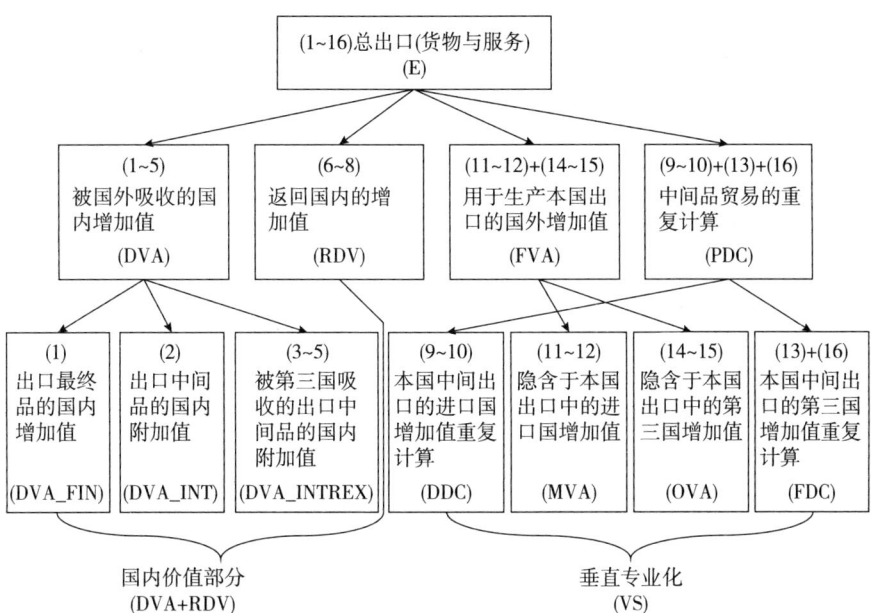

图 5-4 总贸易核算框架

（二）资料来源

本节资料来源于亚洲开发银行的数据库（ADB-MRIO）和对外经济贸易大学全球价值链研究院的 UIBE GVC Index 数据库①。UIBE GVC Index 数据库是基于 Koopman 等（2014）、Wang 等（2013）的增加值贸易核算分析方法，在原始世界国家间投入产出表的基础上加工而成的派生数据库。本章使用的原始世界国家间投入产出表来源于 ADB-MRIO（2018）数据库，具体包含 2000 年、2010~2017 年 61 个国家，35 个产业部门。

二、中国与 FTA 成员双边贸易分解

目前，中国已与东盟、韩国、澳大利亚、智利、新西兰、秘鲁、格鲁

---

① UIBE GVC Index [EB/OL]. RIGVC UIBE, http://rigvc.uibe.edu.cn/english/D_E/database_database/index.htm, 2016.

吉亚、马尔代夫等签署16个FTA协定，涉及24个国家或地区。包含东盟及中国、日本、韩国、印度、澳大利亚、新西兰16个成员的区域全面经济合作伙伴关系协定（RCEP）的谈判也正在推进。

在中国与FTA贸易伙伴的双边贸易分解中，笔者着重对中国与澳大利亚、东盟、韩国等的双边贸易进行分解，同时，对中日、中美双边贸易情况也进行分析和对比，以期全面、客观地对中国与FTA成员的双边贸易联系进行深入分析。

（一）国内价值视角

1. 中国自由贸易区网络建设前的双边贸易分解

由于中国自由贸易区网络建设起步较晚，从2003年才开始与港澳地区完成最早的贸易自由化相关谈判。因此，2000年属于中国自由贸易区网络建设之前的阶段。

从表5-7的结果可以看出，在中国自由贸易区网络建设前的国内价值比例方面（DVA+RDV的比例），中国向澳大利亚、东盟、韩国、日本及美国的双边贸易基本保持在80%以上的水平，仅东盟和韩国向中国出口的国内价值比例偏低，分别为62%和67%。但是双边贸易分解后的国内价值结构差异较大。

首先，从全球价值链分解的视角来看，中国在2000年获取国内附加价值的主要来源为出口最终品。具体来说，在中国出口最终品的国内附加值方面（DVA_FIN），向澳大利亚、日本、美国出口所占比例较高，分别为45.82%、52.18%以及58.45%，中国向东盟出口、中国向韩国出口比例分别只有28.45%和24.82%；而在向中国出口最终品的国内附加值方面，澳大利亚、东盟、韩国比例均在10%左右，分别为10.5%、8.94%、13.2%，日本、美国的比例则比较高，分别为27.67%和39.22%。其次，在向中国出口中间品的国内附加值方面（DVA_INT），澳大利亚、日本向中国出口所占比例最高，为59.17%和45.74%，美国向中国出口所占比例最低，为37.36%。最后，在被第三国吸收的出口中间品的国内附加值（DVA_INTREX）方面，中国向东盟出口的DVA_INTREX不仅在所有国家双边贸易中比例最高，达到29.78%，而且在中国向东盟出口的国内价值结构中所占比例也最高。

第五章 中国自由贸易区网络、全球价值链与多元化开放利益

表5-7 2000年中国自由贸易区网络建设前的双边贸易分解

	DVA_FIN	DVA_INT	DVA_INTREX	RDV	DVA+RDV 比例（%）	总出口（亿美元）
中国向澳大利亚出口（亿美元）	19.51	12.22	3.82	0.25	84	42.58
比例（%）	45.82	28.70	8.97	0.59		
澳大利亚向中国出口（亿美元）	5.02	28.30	7.35	0.13	85	47.83
比例（%）	10.50	59.17	15.35	0.27		
中国向东盟出口（亿美元）	39.98	34.42	41.85	1.98	84	140.52
比例（%）	28.45	24.50	29.78	1.41		
东盟向中国出口（亿美元）	12.71	56.36	18.53	0.14	62	142.13
比例（%）	8.94	39.65	13.04	0.10		
中国向韩国出口（亿美元）	25.65	35.55	23.46	2.48	84	103.33
比例（%）	24.82	34.40	22.70	2.40		
韩国向中国出口（亿美元）	25.30	73.47	28.64	0.83	67	191.68
比例（%）	13.20	38.33	14.94	0.43		
中国向日本出口（亿美元）	207.40	95.34	24.80	1.71	83	397.44
比例（%）	52.18	23.99	6.24	0.43		
日本向中国出口（亿美元）	80.16	132.50	40.66	6.82	90	289.71
比例（%）	27.67	45.74	14.03	2.35		
中国向美国出口（亿美元）	301.46	104.30	17.81	0.47	82	515.75
比例（%）	58.45	20.22	3.45	0.09		
美国向中国出口（亿美元）	48.91	46.58	10.88	3.60	88	124.69
比例（%）	39.22	37.36	8.73	2.89		

此外，在中国自由贸易区网络建设前的中国出口贸易分解方面（见表5-8）：首先，中国向澳大利亚出口的最终品的国内附加值、中间品的国内附加值、被第三国吸收的中间品的国内附加值、返回并被本国吸收的国内增加值以及总出口等方面比例最低，占3%~4%。其次，中国向美国与日本出口的最终品的国内附加值之和、中间品的国内附加值之和以及总出口之和占中国总出口的大部分比例，为70%~80%。最后中国向东盟与韩国出口的被第三国吸收的中间品的国内附加值之和、返回并被本国吸收的国内增加值之和所占比例较高，约为60%。同时，在向中国出口方面，日本是最重要的贸易伙伴。中国自由贸易区网络建设之前，日本向中国出口金额大约为澳大利亚的6.1倍，东盟的2.0倍、韩国的1.5倍以及美国的2.3倍。同期日本向中国出口国内附加值最高的部分——中间品的国内附加值（DVA_INT）金额大约为澳大利亚的4.7倍，东盟的2.4倍、韩国的1.8倍以及美国的2.84倍，因此中国自由贸易区网络建设之前，日本在向中国出口的贸易总规模和出口中间品的国内附加值方面具有绝对优势。

表5-8 2000年自由贸易区网络建设前的中国出口贸易分解

单位：%

	DVA_FIN	DVA_INT	DVA_INTREX	RDV	总出口
中国向澳大利亚出口	3.28	4.34	3.42	3.63	3.55
中国向东盟出口	6.73	12.21	37.45	28.79	11.71
中国向韩国出口	4.32	12.61	21.00	35.96	8.61
中国向日本出口	34.92	33.83	22.19	24.85	33.13
中国向美国出口	50.75	37.01	15.94	6.77	43.00
总出口	100.00	100.00	100.00	100.00	100.00

2. 中国自由贸易区网络建设初期的双边贸易分解

2004年11月中国与东盟达成自由贸易区协议，双边货物贸易（自2005年1月起）、服务贸易（自2007年7月起）分别开启自由化进程。接下来，笔者对中国自由贸易区网络建设阶段（以2010年为例）中国与FTA成员的双边贸易分解情况进行分析。

表 5-9 2010年自由贸易区网络建设初期的双边贸易分解

	DVA_FIN	DVA_INT	DVA_INTREX	RDV	DVA+RDV 比例（%）	总出口（亿美元）
中国向澳大利亚出口（亿美元）	163.53	104.48	21.56	4.77	79.73	369.13
比例（%）	44.30	28.30	5.84	1.29		
澳大利亚向中国出口（亿美元）	30.43	347.78	126.40	3.21	88.57	573.37
比例（%）	5.31	60.65	22.05	0.56		
中国向东盟出口（亿美元）	243.63	268.88	218.22	25.17	80.11	943.65
比例（%）	25.82	28.49	23.13	2.67		
东盟向中国出口（亿美元）	103.78	300.03	132.88	1.17	66.13	813.22
比例（%）	12.76	36.89	16.34	0.14		
中国向韩国出口（亿美元）	162.14	172.12	147.57	44.74	77.78	677.07
比例（%）	23.95	25.42	21.80	6.61		
韩国向中国出口（亿美元）	285.57	308.05	171.69	5.13	62.86	1225.83
比例（%）	23.30	25.13	14.01	0.42		
中国向日本出口（亿美元）	621.40	271.69	101.15	23.66	79.97	1272.91
比例（%）	48.82	21.34	7.95	1.86		
日本向中国出口（亿美元）	383.64	490.54	217.79	17.57	82.39	1346.59
比例（%）	28.49	36.43	16.17	1.30		
中国向美国出口（亿美元）	1520.25	474.27	85.42	7.19	79.44	2627.03
比例（%）	57.87	18.05	3.25	0.27		
美国向中国出口（亿美元）	245.77	322.79	99.62	24.03	87.02	795.48
比例（%）	30.90	40.58	12.52	3.02		

从表 5-9 的结果可以看出，在双边贸易分解后的国内价值比例方面（DVA+RDV 的比例），与之前的情况相比，在自由贸易区网络建设初期，大多数国家与中国双边贸易的国内价值部分所占比例下降了，从而总出口中外国价值（垂直专业化 VS）比例加大，表明中国与其他国家在跨国分工合作方面的整体水平也在不断加深。

在 FTA 成员的双边贸易方面：东盟向中国出口的国内价值部分所占比例增加，从中国自由贸易区网络建设之前（2000 年）的 62%增加到自由贸易区网络建设初期（2010 年）的 66.13%。其中，东盟向中国出口最终品的国内附加值（DVA_FIN）比例由 2000 年的 8.94%增长为 2010 年的 12.76%；被第三国吸收的出口中间品的国内附加值（DVA_INTREX）比例从 2000 年的 13.04%增加到 2010 年的 16.34%。与此同时，中国向东盟出口的国内价值（DVA+RDV）比例有所降低，从 2000 年的 84%下降为 2010 年的 80.11%。其中，被第三国吸收的出口中间品的国内附加值（DVA_INTREX）比例下降幅度最大，由 2000 年的 29.78%下降为 2010 年的 23.13%，同时中国向东盟出口最终品的国内附加值（DVA_FIN）比例也由 2000 年的 28.45%下降为 2010 年的 25.82%，但是中国向东盟出口中间品的国内附加值（DVA_INT）比例却由 2000 年的 24.5%增加为 2010 年的 28.49%，表明中国与东盟的双边中间品贸易加强了。因此，中国—东盟双边 FTA 协议生效以后，不仅东盟通过向中国的出口推动了其内部价值的增加，而且中国也通过向东盟的出口提升了中间品贸易的国内附加值比例，双方的贸易利益均得到有效提升。

对其他非 FTA 贸易伙伴来说：首先，在中国出口最终品的国内附加值（DVA_FIN）比例方面，中国自由贸易区网络建设初期的情况（2010 年）与自由贸易区网络建设之前（2000 年）比较类似。中国向澳大利亚、日本、美国出口所占比例较高，但中国向韩国出口比例偏低；在向中国出口最终品的国内附加值方面，澳大利亚、美国比例大幅下降，分别由 2000 年的 10.5%、39.22%下降为 2010 年的 5.31%及 30.9%；韩国比例显著上升，由 2000 年的 13.2%增加到 2010 年的 23.3%，日本比例基本不变。其次，在向中国出口中间品的国内附加值（DVA_INT）比例方面，韩国、日本向中国出口所占比例下降最大，分别由 2000 年的 38.33%、45.74%下降为 2010 年的 25.13%及 36.43%。最后，在被第三国吸收的出口中间品的国内附加值（DVA_INTREX）方面，大部分国家的比例下降，但澳大利亚向中国出口中间品的国内附加值比例却由2000年的15.35%上升到2010年的22.05%。

此外,在中国自由贸易区网络建设初期中国出口贸易分解的国内价值比例方面(见表5-10),对比之前情况可以发现:在中国自由贸易区网络建设初期(2010年),中国向日本出口的国内价值下降明显,最终品的国内附加值、中间品的国内附加值、被第三国吸收的中间品的国内附加值、返回并被本国吸收的国内增加值以及总出口等方面的比例均有所下降,分别为-12.00%、-12.79%、-4.57%、-2.43%以及-11.52%。在向中国出口方面,日本在中国对外贸易关系中的地位也趋于下降。2010年日本向中国出口金额分别为澳大利亚的2.3倍、东盟的1.7倍、韩国的1.1倍以及美国的1.7倍;同期,日本向中国出口国内附加值最高的部分——中间品的国内附加值(DVA-INT)金额大约为澳大利亚的1.4倍、东盟的1.6倍、韩国的1.6倍以及美国的1.5倍。因此,在中国自由贸易网络构建过程中,日本在这两个方面的优势均有不同程度的下降,但总体而言日本还是保持了向中国出口的绝对优势。

表5-10 自由贸易区网络建设初期的中国出口贸易分解

单位:%

	DVA_FIN	DVA_INT	DVA_INTREX	RDV	总出口
中国向澳大利亚出口	6.03	8.09	3.76	4.52	6.27
中国向东盟出口	8.99	20.82	38.02	23.85	16.02
中国向韩国出口	5.98	13.33	25.71	42.40	11.50
中国向日本出口	22.92	21.04	17.62	22.42	21.61
中国向美国出口	56.08	36.72	14.89	6.81	44.60
总出口	100.00	100.00	100.00	100.00	100.00

3. 中国自由贸易区网络化的双边贸易分解

目前,中国已与东盟、韩国、澳大利亚、格鲁吉亚、马尔代夫等签署16个FTA协定,涉及24个国家或地区,已经初步实现自由贸易区的网络化。因此,随着我国FTA协议数量持续增加,中国自由贸易区网络已经初步构建起来。表5-11为中国自由贸易区网络化阶段,2017年双边贸易分解后的国内价值情况。

表 5-11　2017 年中国自由贸易区网络化的双边贸易分解

	DVA_FIN	DVA_INT	DVA_INTREX	RDV	DVA+RDV 比例（%）	总出口（亿美元）
中国向澳大利亚出口（亿美元）	208.61	150.79	28.85	9.34	85.81	463.40
比例（%）	45.02	32.54	6.23	2.02		
澳大利亚向中国出口（亿美元）	51.69	507.47	128.20	3.01	87.17	792.07
比例（%）	6.53	64.07	16.19	0.38		
中国向东盟出口（亿美元）	393.60	473.41	410.14	47.96	85.42	1551.24
比例（%）	25.37	30.52	26.44	3.09		
东盟向中国出口（亿美元）	134.36	431.46	129.61	1.29	66.38	1049.63
比例（%）	12.80	41.11	12.35	0.12		
中国向韩国出口（亿美元）	254.17	280.95	251.63	88.35	83.60	1046.73
比例（%）	24.28	26.84	24.04	8.44		
韩国向中国出口（亿美元）	356.48	536.18	225.50	7.87	65.17	1727.92
比例（%）	20.63	31.03	13.05	0.46		
中国向日本出口（亿美元）	869.49	336.18	158.53	37.56	85.35	1642.50
比例（%）	52.94	20.47	9.65	2.29		
日本向中国出口（亿美元）	340.99	495.32	156.89	12.86	78.44	1282.63
比例（%）	26.59	38.62	12.23	1.00		
中国向美国出口（亿美元）	1852.49	882.90	153.38	14.82	85.42	3399.33
比例（%）	54.50	25.97	4.51	0.44		
美国向中国出口（亿美元）	363.06	444.48	89.56	20.84	87.37	1050.57
比例（%）	34.56	42.31	8.52	1.98		

从表 5-11 中可以看出，在双边贸易分解后的国内价值比例方面（DVA+RDV 的比例），与中国自由贸易区网络建设初期（2010 年）情况相比，自由贸易区网络化初步形成之后（2017 年）中国与大多数国家双边贸易的国内价值部分所占比例均呈现增加态势，仅澳大利亚和日本向中国出口的国内价值比例减少，这表明在中国自由贸易区网络化阶段，总出口中外国价值（垂直专业化 VS）比例降低，逆全球化趋势对双边贸易的影响加大，商品生产的跨国分工合作的程度减弱。其中，在被第三国吸收的出口中间品的国内附加值（DVA_INTREX）方面，2017 年呈现出明显下降趋势，FTA 成员澳大利亚向中国出口所占比例下降幅度最大，由 2010 年的 22.05%下降为 2017 年的 16.19%，与 2000 年比例大致相当。此外，在出口中间品的国内附加值方面（DVA_INT），虽然 2017 年呈现出增长趋势，但是中国向非 FTA 伙伴——美国出口所占比例增加最多，由 2010 年的 18.05%增加为 2017 年的 25.97%。

表 5-12　2017 年中国出口贸易分解的国内价值比例

单位：%

	DVA_FIN	DVA_INT	DVA_INTREX	RDV	总出口
中国向澳大利亚出口	5.83	7.10	2.88	4.71	5.72
中国向东盟出口	11.00	22.29	40.91	24.22	19.14
中国向韩国出口	7.10	13.23	25.10	44.62	12.92
中国向日本出口	24.30	15.83	15.81	18.97	20.27
中国向美国出口	51.77	41.55	15.30	7.48	41.95
总出口	100.00	100.00	100.00	100.00	100.00

此外，在中国出口贸易分解的国内价值比例方面（见表 5-12），对比之前的情况可以发现：在中国自由贸易区网络化阶段，2017 年中国向非 FTA 成员——日本出口的国内价值的下降幅度最为明显，其中出口日本的中间品的国内附加值、被第三国吸收的中间品的国内附加值、返回并被本国吸收的国内增加值以及总出口等方面的比例均小幅下降，分别为 -5.21%、-1.81%、-3.45%及-1.34%。同时，在向中国出口方面，日本在中国对外贸易关系中的地位也趋于下降。2017 年日本向中国出口金额分

别为澳大利亚的 1.62 倍、东盟的 1.22 倍、韩国的 0.7 倍以及美国的 1.2 倍;同期,日本向中国出口国内附加值最高的部分——中间品的国内附加值(DVA_INT)金额大约为澳大利亚的 0.98 倍、东盟的 1.15 倍、韩国的 0.92 倍以及美国的 1.11 倍。可以看出,在中国自由贸易区网络化阶段,日本向中国出口方面的绝对优势正在逐渐消失,尤其是相对韩国(2015 年与中国签署 FTA)而言。

最后,我们对自由贸易区网络不同建设阶段的中国向澳大利亚、东盟、韩国、日本及美国出口以及向中国出口国内价值分解情况进一步汇总比较。从表 5-13 中可以看出,虽然出口最终品仍为中国参与国际分工获取国内附加价值的主要来源,但其在总出口中所占比例已经由中国自由贸易区网络建设前的 49.51% 下降到 2017 年的 44.16%;国内附加值中来自中间品出口、被第三国吸收的中间品以及返回并被本国吸收的部分等比例均有所增加。由此可见,随着我国 FTA 协议数量持续增加以及中国自由贸易区网络的逐步构建,在出口方面,中国在全球生产链条中的位置正从下游缓慢上升。

表 5-13 中国自由贸易区网络不同阶段汇总比较

年份		中国出口(亿美元)	占总出口比例(%)	向中国出口(亿美元)	占总出口比例(%)
2000	DVA_FIN	593.99	49.51	172.11	21.62
2010		2710.95	46.03	1049.20	22.07
2017		3578.35	44.16	1246.58	21.12
2000	DVA_INT	281.84	23.49	337.21	42.36
2010		1291.44	21.93	1769.19	37.21
2017		2124.24	26.21	2414.92	40.91
2000	DVA_INTREX	111.74	9.31	106.04	13.32
2010		573.93	9.74	748.37	15.74
2017		1002.53	12.37	729.77	12.36
2000	RDV	6.89	0.57	11.52	1.45
2010		105.53	1.79	51.11	1.07
2017		198.02	2.44	45.86	0.78

（二）国外价值视角

1. 基于增加值来源的国外价值结构分析

一国总出口中的国外价值，也被视为垂直专业化水平（VS）。

从增加值来源角度来看（见表5-14）：首先，在中国自由贸易区网络建设之前，中国向澳大利亚和美国出口的OVA（出口中隐含的第三国增加值）所占比例最高，超过80%，表明大量第三国增加值通过中国出口到澳大利亚和美国。其次，在中国自由贸易区网络构建过程中，各国尤其是FTA成员向中国出口中隐含的来自中国增加值比例大多呈现增加态势。其中，韩国出口中隐含的来自中国增加值比例变化最为明显，2000年、2010年及2017年MOA比例分别为5.31%、9.94%和13.49%。最后，中国向日本和东盟出口中纯重复计算的比例很高，约占40%。由于纯重复计算意味着多国间交互进行的中间品贸易较多，因此中国—东盟以及中国与日本之间在跨国生产分工合作的深度要远高于其他国家。

表5-14 中国自由贸易区网络不同阶段对比分析——增加值来源视角

单位：%

年份	2000			2010			2017		
	MOA	OVA	PDC	MOA	OVA	PDC	MOA	OVA	PDC
中国向澳大利亚出口	2.31	86.35	11.34	4.41	83.87	11.72	4.48	81.88	13.64
澳大利亚向中国出口	3.25	76.35	20.40	7.49	65.56	26.96	10.01	69.34	20.65
中国向东盟出口	0.74	55.17	44.09	0.74	61.52	37.75	0.69	59.85	39.46
东盟向中国出口	2.99	69.88	27.13	8.09	60.96	30.95	11.58	64.06	24.36
中国向韩国出口	13.90	76.01	10.09	6.23	53.64	12.30	6.69	73.86	19.45
韩国向中国出口	5.31	73.23	21.46	9.94	65.61	24.45	13.49	67.15	19.35
中国向日本出口	5.20	60.20	34.61	3.58	50.99	45.43	4.63	45.99	49.38
日本向中国出口	3.98	73.10	22.92	10.41	64.95	24.64	10.10	41.03	14.65
中国向美国出口	8.13	86.77	5.10	6.95	87.20	5.85	6.30	85.10	8.61
美国向中国出口	2.63	80.20	17.17	6.87	72.99	20.14	11.02	75.52	13.47

2. 基于最终品、中间品分类的国外价值结构分析

从基于最终品、中间品分类的角度来看（见表5-15）：首先，众所周

知，中国出口以最终品为主，因而在中国出口包含的国外价值中，最终品的国外增加值（FVA_FIN）比例普遍高于中国出口的中间品国外增加值。其次，随着中国自由贸易区网络建设进程的推进，对比2000年、2010年及2017年的分解结果可以发现，中国与签订FTA协议较早的伙伴（澳大利亚、东盟）出口贸易的中间品国外增加值（FVA_INT）比例呈现增加趋势，例如中国向澳大利亚出口的中间品国外增加值比例分别为30.55%、34.63%和37.64%，向东盟出口的中间品国外增加值比例分别为23.97%、32.43%和33.18%，但向韩国的出口贸易分解中并没有得出明确的增长趋势，表明中国与FTA伙伴的自由贸易协议签署的时间较长，双方在国际分工领域的合作便愈加深入，通过出口中间贸易品到第三国的比例增加可能性就越高，从而越容易借助与该国的贸易联系实现从全球价值链的低端向中间环节升级。最后，对非FTA成员——日本来说，中国与日本双边贸易的中间品国外增加值比例有降低的趋势，例如中国向日本出口的中间品国外增加值比例分别为33.68%、28.12%和26.91%，日本向中国出口的中间品国外增加值比例分别为58%、42.65%和32.39%。因此，中日贸易对于中国全球价值链地位提升的作用小于澳大利亚、东盟及韩国等FTA伙伴。

表5-15 中国自由贸易区网络不同阶段对比分析——最终品、中间品分类视角

单位：%

年份	2000		2010		2017	
	FVA_FIN	FVA_INT	FVA_FIN	FVA_INT	FVA_FIN	FVA_INT
中国向澳大利亚出口	58.11	30.55	53.65	34.63	48.72	37.64
澳大利亚向中国出口	11.63	67.97	6.30	66.74	7.20	72.16
中国向东盟出口	31.93	23.97	29.82	32.43	27.36	33.18
东盟向中国出口	16.71	56.16	20.76	48.28	18.47	57.17
中国向韩国出口	63.52	26.39	40.92	18.95	57.46	23.09
韩国向中国出口	28.57	49.97	29.23	46.31	28.93	51.71
中国向日本出口	31.71	33.68	26.45	28.12	23.71	26.91
日本向中国出口	19.09	58.00	32.70	42.65	18.74	32.39
中国向美国出口	72.83	22.06	72.15	21.99	60.37	31.02
美国向中国出口	44.72	38.11	37.54	42.32	47.89	38.65

第三节 中国自由贸易区网络的价值链依赖关系研究

前文是从增加值贸易的角度出发,对中国自由贸易区网络成员的双边贸易利益进行分解和分析,接下来我们综合国民经济活动的其他环节在价值链中的影响,采用 Wang Zhi 等（2017a,2017b）的 GDP 生产分解框架对中国参与全球价值链演变情况以及中国自由贸易区网络中的价值链依赖关系进行研究。

一、中国参与全球价值链演变概况

基于前向联系视角,我们利用 UIBE GVC Index 和经济合作与发展组织的世界投入产出数据库来对 1995~2014 年中国参与国际分工的情况加以分析。[①] 图 5-5 为 1995~2014 年主要国家——德国、法国、美国、日本、韩国、中国最终产品与服务参与全球价值链的比例情况。

横向来看（见图 5-3）,20 年来中国通过积极参与全球价值链分工,中国经济与世界经济互相融合、影响的程度也在加大,最终产品与服务中参与全球价值链的比例呈现出平稳上升的趋势。分时段来看,1995~2003 年,即中国自由贸易区网络建设之前,中国参与全球价值链虽然一直保持增长态势,但增长趋势比较平缓；随着中国自由贸易区网络建设的逐步推进,在 2003~2007 年中国参与全球价值链增速加快,但此后的全球金融危机造成了明显的负面冲击,虽然后续年份逐渐恢复,整体参与水平仍然低于金融危机前,保持在 15% 左右。

纵向来看（见图 5-5）,中国、法国参与全球价值链的情况大致处于中游水平,韩国、德国的整体水平较高,日本、美国在上述六国中的水平

---

① UIBE GVC Index 数据库将最终产品与服务分解为国内价值链和全球价值链,其中全球价值链具体包括一国被进口国直接吸收的最终产品和服务、返回出口国被吸收的国内最终产品和服务、出口到第三国被其他国家吸收的最终产品和服务三部分。后向联系视角的趋势比较类似,在此不再赘述。

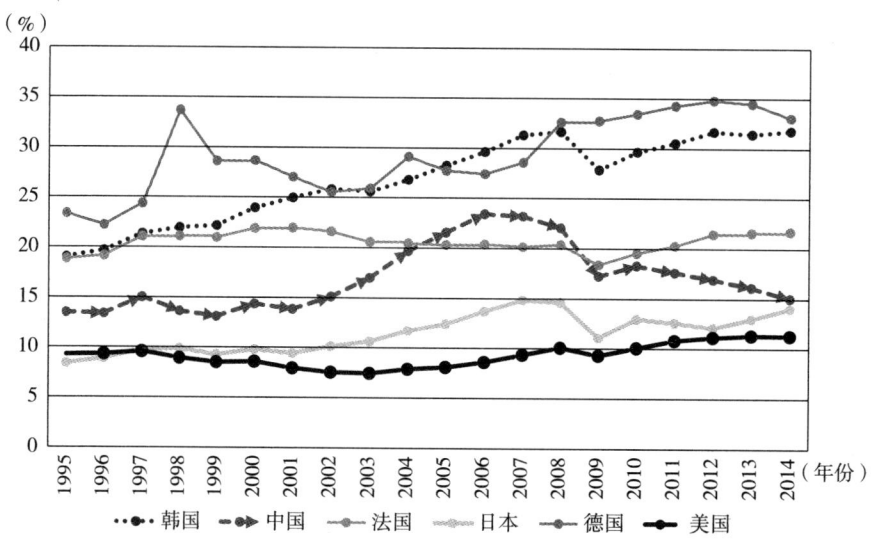

图 5-5 1995~2014 年主要国家最终产品与服务参与全球价值链的比例

偏低。导致国家在参与全球价值链方面存在差异的原因有很多,包括一国的对外签署自由贸易协议情况、外贸依存度、地理区位、生产技术条件等。魏如青等(2018)[①] 也得出了相同的结果,他们认为日本、美国等发达国家的跨国公司生产多集中于产品价值链的中高端环节,并通过外包方式将低技术、低附加值的中低端环节转移到其他国家,因此日本、美国的全球价值链地位较高,参与程度反而偏低。

二、中国自由贸易区网络中的价值链依赖关系分析

我们基于后向联系视角,分两个阶段——中国自由贸易区网络建设初期(以 2010 年数据为例,主要成员为中国、东盟成员等)、网络化阶段(以 2017 年数据为例,主要成员为中国、东盟成员、韩国、澳大利亚等)

---

① 魏如青,郑乐凯,程大中. 中国参与全球价值链研究——基于生产分解模型 [J]. 上海经济研究,2018(4).

第五章 中国自由贸易区网络、全球价值链与多元化开放利益

来对中国自由贸易区网络成员的价值链依赖关系进行分析。① 具体指标方面，价值链依赖度为一国通过某国实现的全球价值链指标占总最终产品和服务的比例，简单价值链（GVC）为一国被进口国直接吸收的最终产品和服务比例，复杂价值链（GVC）为返回本国国内被吸收以及出口到第三国被其他国家吸收的最终产品和服务的比例。②

（一）中国自由贸易区网络建设初期的价值链依赖关系

表5-16、表5-17分别为中国自由贸易区网络建设初期的成员对内以及对外依赖关系情况。从表5-16、表5-17可以看出，在中国自由贸易区网络建设初期，对中国、东盟两个主要自由贸易区网络成员来说：一方面，在外部价值链依赖关系方面，欧盟是中国和东盟最重要的外部价值链依赖来源（2010年中国、东盟对欧盟的价值链依赖度分别为35.77%和40.26%），美国及东亚地区（日本+韩国）次之；中国参与简单价值链（GVC）的比例要高于复杂价值链（GVC），东盟则相反，其复杂价值链（GVC）的比例要高一些。另一方面，在内部价值链依赖关系方面，东盟对中国的价值链依赖度要高于中国对东盟的价值链依赖度。2010年东盟对中国的价值链依赖度为20.56%，而中国对东盟的价值链依赖度只有12.74%。

表5-16　2010年中国自由贸易区网络成员对外依赖关系

单位:%

国家/区域	依赖指标	美国	欧盟	日本	韩国	澳大利亚
中国	价值链依赖度	19.41	35.77	11.41	8.78	3.73
	简单 GVC	13.16	16.87	7.56	4.79	2.92
	复杂 GVC	6.25	18.90	3.85	3.99	0.81
东盟	价值链依赖度	22.35	40.26	5.76	3.42	1.60
	简单 GVC	5.60	15.87	2.87	1.52	0.94
	复杂 GVC	16.76	24.40	2.88	1.90	0.65

---

① 我们基于 Zhi Wang 等（2017a，2017b）的 GDP 生产分解框架而界定了价值链依赖度、简单 GVC、复杂 GVC 等指标，具体参见本节注释。
② 由于复杂价值链（GVC）指标包括返回本国国内的成分，因此在价值链依赖关系中也包含了对本国自身的价值链依赖，但不做重点分析。

表 5-17　2010 年中国自由贸易区网络成员对内依赖关系

单位:%

国家/区域	依赖指标	中国	东盟
中国	价值链依赖度	8.17	12.74
	简单 GVC	0.00	7.50
	复杂 GVC	8.17	5.23
东盟	价值链依赖度	20.56	6.06
	简单 GVC	6.24	3.06
	复杂 GVC	14.32	3.00

此外,从全部价值链依赖关系来看——以价值链依赖度超过 10% 为标准,欧盟、美国、东盟、日本是中国主要的价值链依赖对象;欧盟、美国、中国是东盟主要的价值链依赖对象。

(二) 中国自由贸易区网络化的价值链依赖关系

在中国自由贸易区网络化阶段,我们对其主要 FTA 成员——中国、东盟、韩国、澳大利亚等的对内及对外价值链依赖关系进行分析(见表 5-18、表 5-19)。

表 5-18　2017 年中国自由贸易区网络成员对外依赖关系

单位:%

国家/区域	依赖指标	美国	欧盟	日本
中国	价值链依赖度	23.74	29.67	9.89
	简单 GVC	16.06	12.22	6.15
	复杂 GVC	7.68	17.45	3.75
东盟	价值链依赖度	16.56	38.39	7.60
	简单 GVC	10.49	18.21	5.30
	复杂 GVC	6.07	20.17	2.30
澳大利亚	价值链依赖度	6.58	8.83	22.41
	简单 GVC	2.39	2.45	18.55
	复杂 GVC	4.20	6.38	3.86

续表

国家/区域	依赖指标	美国	欧盟	日本
韩国	价值链依赖度	18.76	15.19	8.74
	简单 GVC	12.66	4.21	5.76
	复杂 GVC	6.11	10.98	2.98

表 5-19 2017 年中国自由贸易区网络成员对内依赖关系

单位:%

国家/区域	指标	中国	东盟	韩国	澳大利亚
中国	价值链依赖度	8.78	15.14	9.26	3.52
	简单 GVC	0.00	8.67	5.13	2.76
	复杂 GVC	8.78	6.47	4.13	0.76
东盟	价值链依赖度	20.93	9.62	4.91	1.99
	简单 GVC	13.85	5.38	2.79	1.42
	复杂 GVC	7.08	4.25	2.12	0.58
澳大利亚	价值链依赖度	42.72	11.72	7.01	0.73
	简单 GVC	33.23	6.23	4.09	0.00
	复杂 GVC	9.49	5.49	2.92	0.73
韩国	价值链依赖度	40.31	13.90	1.38	1.71
	简单 GVC	27.71	7.64	0.00	1.13
	复杂 GVC	12.59	6.26	1.38	0.58

可以看出，在中国自由贸易区网络化阶段，FTA 成员的对内及对外价值链依赖关系呈现出如下主要特征：首先，欧盟、美国虽依然是中国最重要的外部价值链依赖来源，但欧盟的重要性略微有所下降，其中中国对欧盟的价值链依赖度分别由 2010 年的 35.77% 下降到 2017 年的 29.67%。与此同时，中国对日本的价值链依赖度也从 2010 年的 11.41% 下降到 2017 年的 9.89%，中国对东盟、韩国的价值链依赖度则分别从 2010 年的 12.74%、8.78% 上升到 2017 年的 15.14%、9.26%。这表明中国对 FTA 网络成员的内部价值链依赖程度明显增加，而对非 FTA 成员

的外部价值链依赖程度相对减弱。因此，在中国自由贸易区网络化阶段，中国与 FTA 成员在跨国生产合作与分工联系方面的紧密程度要高于非 FTA 成员。

其次，随着中国自由贸易区网络建设的推进，中国的价值链依赖关系中仍然保持以参与简单价值链（GVC）为主的态势。例如，2010 年中国对美、欧盟、日本、韩国、澳大利亚及东盟的价值链依赖关系中，简单价值链（GVC）比例分别为 13.16%、16.87%、7.56%、4.79%、2.92% 和 7.50%，而复杂价值链（GVC）比例则分别为 6.25%、18.90%、3.85%、3.99%、0.81% 和 5.23%，明显低于简单价值链比例；2017 年中国对上述国家或区域成员的简单价值链（GVC）比例为 16.06%、12.22%、6.15%、5.13%、2.76% 和 8.67%，而复杂价值链（GVC）比例为 7.68%、17.45%、3.75%、4.13%、0.76% 和 6.47%，虽然依然低于简单价值链比例，但地位得到了一定的改善，尤其是在中国对欧盟的价值链依赖关系方面，复杂价值链（GVC）比例已经高于简单价值链比例。

最后，中国 FTA 网络成员中，亚洲国家对地区内部的价值链依赖程度呈现出逐渐高于欧盟、美国的态势。例如东盟对欧盟、美国的价值链依赖度分别由 2010 年的 40.26%、22.35% 下降到 2017 年的 38.39%、16.56%。虽然中国和日本尚未缔结自由贸易协定，但由于日本与东盟以及其主要成员均签署 FTA 协议，东盟对日本的价值链依赖度之和从 2010 年的 5.76% 上升到 2017 年的 7.60%。东盟对美国、欧盟总价值链依赖度从 2010 年的 62.61% 明显降至 2017 年的 54.95%，但其对亚洲地区的价值链依赖度却从 2010 年的 35.8% 升至 2017 年的 43.06%。

此外，在其他自由贸易区网络成员的依赖关系方面，日本、中国是澳大利亚最主要的价值链依赖来源（2017 年的价值链依赖度分别为 22.41%、42.72%），中国同时也是韩国最主要的价值链依赖来源（2017 年韩国对中国的价值链依赖度为 40.31%）。

综合来看，随着自由贸易区网络的推进，中国与 FTA 成员间的价值链依赖程度也逐渐加深。虽然中国还是以简单价值链（GVC）为主来参与国际分工，但复杂价值链（GVC）比例也已经得到了一定程度的提升。

注释：

Wang Zhi 等（2017a，2017b）的 GDP 生产分解框架

表 5-20 国际投入产出

投入与增加值	国家	中间投入				最终需求				总产出
		国家 1	国家 2	…	国家 G	国家 1	国家 2	…	国家 G	
中间投入	国家 1	Z_{11}	Z_{12}	…	Z_{1G}	Y_{11}	Y_{12}	…	Y_{1G}	X_1
	国家 2	Z_{21}	Z_{22}	…	Z_{2G}	Y_{21}	Y_{22}	…	Y_{2G}	X_2
	…	…	…	…	…	…	…	…	…	…
	国家 G	Z_{G1}	Z_{G2}	…	Z_{GG}	Y_{G1}	Y_{G2}	…	Y_{GG}	X_G
增加值		V_1	V_2	…	V_G	—	—	—	—	
总投入		X_1	X_2	…	X_G	—	—	—	—	

令 s, r = 1, 2, …, G，表示国家；Z_{sr} 为 s 国生产的被 r 国消耗的中间投入品；Y_{sr} 为 s 国生产的用于 r 国的最终产品和服务；Z = AX，A 为直接消耗系数；X = BY，B 为全局里昂惕夫逆矩阵。根据投入产出原理得到方程：

$$X = AX + Y = A^D X + Y^D + A^F X + Y^F = A^D X + Y^D + E \quad (5-9)$$

其中，$A^F = A - A^D$ 为进口投入系数；Y^D 为国内消费的最终产品和服务；$Y^F = Y - Y^D$ 为出口的最终产品和服务；E 为总出口。一国的总产出也可以表示为：

$$X = (1 - A^D)^{-1} Y^D + (1 - A^D)^{-1} E = L Y^D + LE = L Y^D + L Y^F + L A^F X \quad (5-10)$$

$L = (1 - A^D)^{-1}$ 为局部里昂惕夫逆矩阵（Local Leontief Inverse）。将 X = BY 代入，得到最终品和服务的价值链分解为：

$$\hat{V} B \hat{Y} = \hat{V} L \hat{Y}^D + \hat{V} L \hat{Y}^F + \hat{V} L A^F B \hat{Y} = \hat{V} L \hat{Y}^D + \hat{V} L \hat{Y}^F + \hat{V} L \hat{Y}^F L \hat{Y}^D + \hat{V} L \hat{Y}^F (B\hat{Y} - L\hat{Y}^D) \quad (5-11)$$

$\hat{V}$ 为直接增加值系数。根据投入产出表的行平衡条件，汇总得到前向联系的增加值分解公式：

$$Va' = \hat{V} BY = \underbrace{\hat{V} L Y^D}_{(1)-V\_D} + \underbrace{\hat{V} L Y^F}_{(2)-V\_RT} + \underbrace{\hat{V} L A^F L Y^D}_{(3a)-V\_GVC\_S} + \underbrace{\hat{V} L A^F (BY - LY^D)}_{(3b)-V\_GVC\_C} \quad (5-12)$$

其中第（1）项为国内生产和消费的国内增加值，不包括跨境贸易；第

(2)项为通过国内产业关联用于最终出口生产的国内增加值;第(3)项为中间品进口中的国内外增加值,又可以进一步分解为在国内消费的最终产品中进口国的附加值、经进口返回被出口国吸收的国内附加值与出口到第三国被其他国家吸收的国内附加值,分解示意图如图5-6所示。

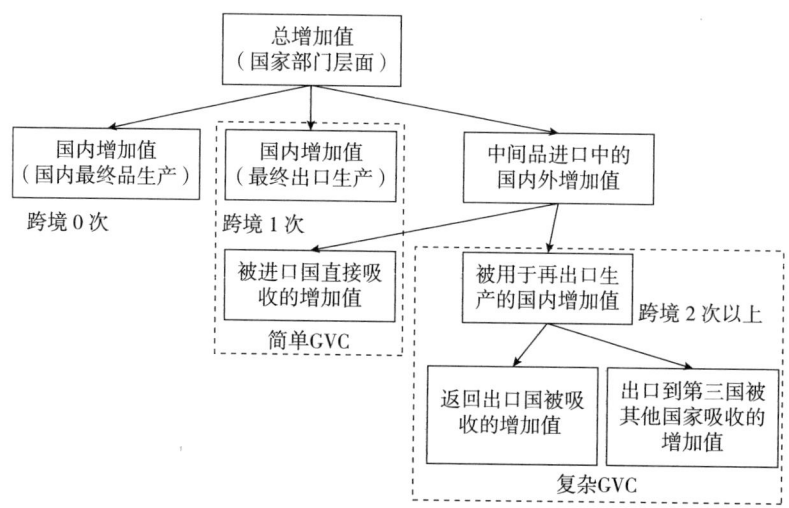

图5-6 基于全球价值链的生产分解模型

与前向分解相类似,根据投入产出表的列平衡条件,继续汇总得到后向联系的最终产品生产和服务的分解公式:

$$Y' = VB\hat{Y} = \underbrace{VL\hat{Y}^D}_{(1)\text{-}Y\_D} + \underbrace{VL\hat{Y}^F}_{(2)\text{-}Y\_RT} + \underbrace{VLA^F L\hat{Y}^D}_{(3a)\text{-}Y\_GVC\_S} + \underbrace{VLA^F (B\hat{Y} - L\hat{Y}^D)}_{(3b)\text{-}Y\_GVC\_C} \quad (5\text{-}13)$$

Zhi Wang 等(2017b)将 GDP 活动按照跨境与否分成两大类别:第一类为没有涉及跨境的生产活动,即没有外国中间投入品和生产要素的生产活动,包括直接面向国内市场和出口的生产活动。第二类为跨境的生产活动,被称为与全球价值链(GVC)有关的生产活动。全球价值链的生产活动又可以根据跨境次数分为简单价值链生产活动(被直接进口国吸收没有再次跨境的生产活动,即简单 GVC)与复杂价值链生产活动(多次跨境的生产活动,复杂 GVC)两种类型。

第六章 中国自由贸易区网络建设与多元化开放利益耦合机制

第一节 亚太自由贸易体系重构与中国的制度供给创新①

20世纪后期以来,国际产业转移逐步演变为产业链条及产品工序的分解与全球性配置。在此过程中,各种贸易壁垒的限制使全球性资源配置的最优目标难以有效实现。在激烈竞争的环境下,自由贸易优势成为一种新的"资源优势",在贸易自由化程度较高的区域内部实现资源配置任务成为次优选项。因此,亚太自由贸易制度供给与全球价值链分工之间存在内在的密切联系:自由贸易制度供给的增加使全球价值链分工中原有竞争优势进一步得到凸显,而为了保持及巩固这种竞争优势,在其他资源优势基本稳定的情况下,就需要不断深化自由贸易优势,因而增加区域自由贸易制度供给成为全球价值链分工动态演变的必然结果。

目前,跨国公司的生产经营使世界范围内形成了三大区域经济集聚中心——欧盟、美国及东亚,经济集聚中心内部经济贸易联系非常活跃。亚太区域涵盖全球两大经济集聚中心(美国及东亚),不仅是全球最重要的

---

① 该部分内容为课题阶段性成果——新型国际分工与亚太自由贸易制度供给,已经发表在2017年2月的《社会科学》上。

生产网络,也是全球最重要的贸易中心。① 亚太自由贸易制度供给不仅关系到亚太地区的贸易自由化,也对全球自由贸易进程起着关键性影响。

一、亚太自由贸易体系的现有制度供给方

(一)亚太市场多边准入管理体系

亚太地区现有的自由贸易制度是在 WTO 框架下建立的,WTO 作为全球贸易治理的主要平台,也是亚太自由贸易制度的主要供给方。1995 年 WTO 刚成立时,其成员方的贸易额已经占到全世界贸易的 91%,2015 年这一比例提高到 98%。② 目前,WTO 框架下亚太国家传统的关税壁垒已经大大降低。美国、澳大利亚、日本、新西兰、加拿大、秘鲁等国家实际整体关税已经低于 5%。亚太各国市场准入方面的具体情况见表 6-1。

表 6-1 2014 年亚太地区市场准入总体情况

单位:%

国家	关税约束比例				最惠国关税税率			
	全部	非农产品	全部产品		农产品		非农产品	
			约束税率	执行税率	约束税率	执行税率	约束税率	执行税率
澳大利亚	97.0	96.6	9.9	2.7	3.5	1.2	11.0	3.0
马来西亚	84.3	81.9	22.2	6.1	61.8	9.3	14.9	5.5
菲律宾	66.9	61.9	25.7	6.3	35.1	9.9	23.4	5.7
泰国	75.0	71.3	27.8	11.6	38.7	31.3	25.5	8.3
印度尼西亚	96.3	95.8	37.1	6.9	47.1	7.5	35.6	6.7
越南	100.0	100.0	44.5	9.5	19.1	16.3	10.4	8.4
韩国	94.6	93.8	16.6	13.3	56.1	52.7	10.2	6.8

---

① 亚太地区的地域定义比较多样化。广义上的亚太地区包括了亚洲及太平洋沿岸的所有国家,本章节重点涉及加拿大、智利、美国、秘鲁、墨西哥、马来西亚、澳大利亚、新西兰、文莱、泰国、菲律宾、印度尼西亚、越南、新加坡、柬埔寨、缅甸、韩国、日本、印度、中国 20 个国家。

② 资料来源于《世界贸易组织年度报告》(*World Trade Report* 2015)。

续表

国家	关税约束比例		最惠国关税税率					
	全部	非农产品	全部产品		农产品		非农产品	
			约束税率	执行税率	约束税率	执行税率	约束税率	执行税率
日本	99.7	99.6	4.6	4.2	18.2	14.3	2.5	2.5
新西兰	100.0	100.0	10.3	2.0	6.1	1.4	10.9	2.2
印度	74.4	70.5	48.5	13.5	113.5	33.4	34.5	10.2
中国	100.0	100.0	10.0	9.6	15.7	15.2	9.2	8.6
美国	100.0	100.0	3.5	3.5	4.8	5.1	3.3	3.2
加拿大	99.7	99.7	6.7	4.2	15.8	15.9	5.3	2.2
墨西哥	100.0	100.0	36.1	7.5	44.5	17.6	34.8	5.9
智利	100.0	100.0	25.1	6.0	26.1	6.0	25.0	6.0
秘鲁	100.0	100.0	29.5	3.4	30.9	4.1	29.3	3.3

资料来源：https://www.wto.org/，WTO官方网站。

从表6-1中可以看出，除了菲律宾、泰国、印度、马来西亚、韩国少数成员外，亚太地区国家中WTO的关税约束比例已经达到或超过95%，充分体现了WTO在市场准入管理中的贡献。同时，亚太各国在全部产品以及非农产品最惠国税率方面，实际关税执行税率普遍低于10%，发达国家如美国、日本等均在3%左右。在贸易保护比较严重的农产品最惠国税率方面，虽然约束关税普遍很高，但除了韩国、泰国及印度执行关税税率超过30%以外，大部分国家执行关税税率都在10%~15%或者更低。

（二）亚太区域自由贸易体系

虽然WTO为亚太各国提供了多边自由贸易的平台，但在传统市场准入方面，WTO成员的谈判空间已经十分有限。WTO提供的多边自由贸易体系并不能满足亚太各经济体对自由贸易安排的需求。在此背景下，亚太成员成为区域自由贸易制度的另一重要供给方。

1. 亚太成员在区域自由贸易制度供给中的地位

亚太地区国家众多，收入和经济发展差距很大，这使亚太各国在区域经济中承担着不同的角色。一般说来，美国、中国和日本以及欧盟等经济贸易大国或区域经济体对世界经济的影响较大。表6-2为2001~2009年亚太地区部分国家经济增长引擎情况。

表6-2 2001~2009年亚太地区经济增长引擎对比情况（中国=1）

	美国	日本	美国+日本	欧盟
印度	1.94	2.98	2.28	1.61
马来西亚	1.69	2.04	2.18	1.03
菲律宾	1.59	1.75	2.14	1.05
泰国	1.57	1.75	2.16	1.06
印度尼西亚	1.47	1.37	2.20	0.03
新加坡	1.34	2.52	1.74	0.94
澳大利亚	1.15	1.52	1.81	0.92
韩国	1.09	3.20	1.40	0.76
日本	1.53	—	—	0.91

资料来源：Tan, K. Y., Tilak, A. and Tan, K. G. Shifting Drivers of Growth: Policy Implications for ASEAN-5 [R]. Asian Economic Papers, 2015.

在将中国对亚太国家经济增长贡献设定为1的情况下，美国、日本对他们经济增长贡献均大于1，影响力超过中国；而欧盟仅对印度、马来西亚、菲律宾、泰国四国经济的影响贡献超过1，对其他国家的贡献则远弱于中国。因此可以认为，美国、日本、中国是亚太区域经济增长的引擎。同时，Tan等（2015）对1980~2020年东盟五国（印度尼西亚、马来西亚、菲律宾、新加坡和泰国）经济增长引擎情况进行了估计和预测。他们的研究发现，20世纪80年代美国、欧盟和日本对东盟五国经济增长的贡献分别是中国的9.17倍、4.19倍和3.23倍，但是这一影响在2011~2020年将减弱到仅为中国的65%、51%和22%。因而中国对东盟五国的经济增长贡献逐渐加大，而美国、欧盟、日本的重要程度则趋于下降。综合看来，中国、美国及日本三大经济体对亚太地区经济增长起着重要的拉动作用。中国、美国及日本在经济方面的影响也会外溢到国际贸易领域，因此这三个经济体具备影响亚太自由贸易进程的经济基础与实力。

2. 亚太成员间的区域自由贸易安排

目前，亚太区域内所有国家都签署了若干个双边或多边自由贸易区，这些自由贸易区协议重叠交织在一起，构成复杂的自由贸易区网络。在亚太区域中,墨西哥签署的自由贸易区数量最少(5个),其他如缅甸、老挝、柬埔寨等东盟成员,至少签署了6个以上的自由贸易区①(见图6-1)。

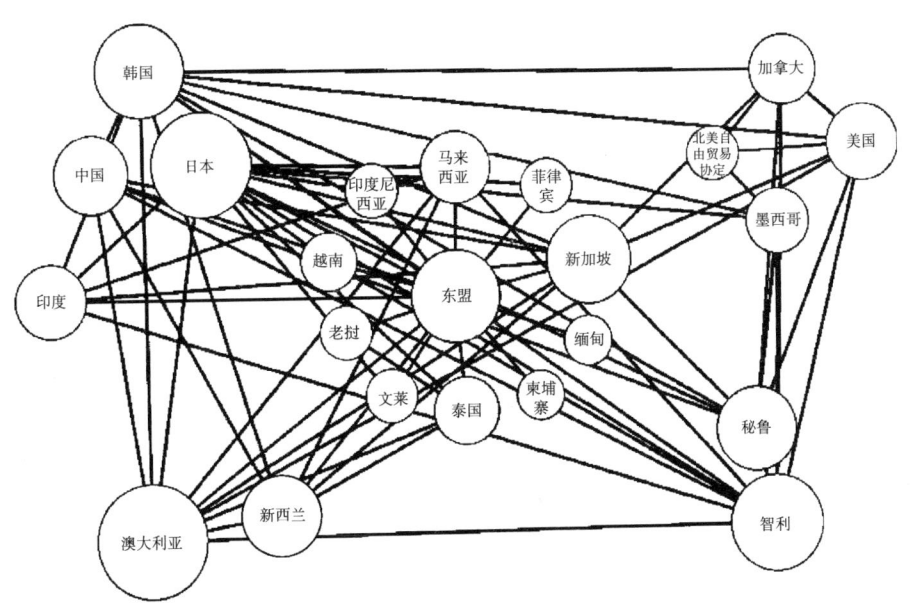

图6-1 亚太区域现有自由贸易区网络

资料来源:WTO官方网站 https://www.wto.org/和中华人民共和国商务部网站。

3. 全球价值链分工格局反映出亚太成员的核心贸易利益

在亚太自由贸易新规则及新秩序建立的过程中,需要基于全球价值链来理解区域自由贸易制度供给方的核心贸易利益,才能最大限度地协调区域内成员贸易自由化诉求,推动亚太贸易自由化进程。全球价值链分工的显著特征是中间品贸易大量出现。在全球价值链视角下,国际贸易已经不再单纯是货物跨境流动,而是相互交织的生产要素流、服务流、知识产权流以及信息流等的组合,跨国企业对产业链进行的分解及整合导致中间品贸易的大量出现。

考察亚太地区初级产品、中间品及制成品在全球三大市场——美国、欧盟和东亚的出口贸易比例情况,能够展现各国在全球价值链分工方面具

---

① 不同国家所在的圆圈大小反映了该国在亚太区域内签署的自由贸易协定数量情况。

备的优势,从而直观地反映亚太成员的核心贸易利益:韩国、日本、印度在中间品生产方面具有比较优势;中国在最终制成品生产方面的优势明显;澳大利亚由于为美国、欧盟及东亚三大世界生产中心提供大量原材料,因而在初级产品贸易中处于关键地位(见表6-3)。

表6-3 2013年亚太国家中间品出口贸易比例情况　　单位:%

| 国家 | 美国 | | | 欧盟 | | | 东亚 | | |
(地区)	初级产品	中间品	制成品	初级产品	中间品	制成品	初级产品	中间品	制成品
澳大利亚	10.93	38.71	50.36	52.96	25.27	21.78	70.14	24.02	5.84
东盟	4.55	34.39	61.06	4.90	41.18	53.92	13.31	65.00	21.69
韩国	0.11	50.16	49.73	0.25	49.30	50.45	0.81	79.87	19.32
日本	0.19	44.71	55.10	0.51	52.82	46.67	2.31	70.42	27.27
新西兰	3.21	34.51	62.28	8.97	18.90	72.13	20.55	29.97	49.48
印度	1.32	56.15	42.52	4.64	53.86	41.50	13.85	72.35	13.80
中国	0.42	26.95	72.62	0.82	31.52	67.66	1.37	51.25	47.38

资料来源:数据来源于http://www.rieti-tid.com/并经计算得出。

二、亚太自由贸易制度供给扩张与约束机制

(一)亚太自由贸易制度供给扩张机制

1. 区域贸易自由化的蔓延

近年来WTO主导的全球多边自由贸易区陷入停滞,但无论从宏观主体(亚太各经济体)还是从微观主体(跨国公司)来说,贸易自由化仍旧是其发展的内在要求。一方面,贸易自由化是发达国家和发展中国家促进经济增长及提高生活水平的一剂良方,各国有动力继续推动贸易自由化不断深入。另一方面,对跨国公司而言,价值链分工模式已经形成,这意味着继续在全球范围内实现资本和其他要素的有效配置并追求自由贸易是其追逐利润的必经路径。因此,虽然WTO主导的多边市场准入管理体系止步不前,但区域内部贸易自由化的步伐却在加速。对于这种新型"区域自

由贸易主义",鲍德温(Baldwin)认为,其特征为不再强调传统贸易协定谈判中的关键因素——市场准入的交换,而是将焦点放在贸易规则对宏观经济的调控和影响方面。① 全球价值链分工推动的区域贸易自由化模式以贸易规则修订者的身份对全球贸易治理机制造成了巨大威胁,区域自由贸易协定可能会代替 WTO 成为未来全球自由贸易体制管理的主角。

在此背景下,全球范围内区域自由贸易主义盛行,亚太地区也不例外。WTO 统计资料表明,目前全球生效的区域自由贸易协定高达 281 个,而且还有大量未生效或正在谈判的区域自由贸易协定尚未计入。就亚太地区而言,2000 年仅有 3 项生效的自由贸易区,2015 年底这一数量迅速扩张到 57 个。区域贸易自由化的蔓延改变了亚太地区自由贸易制度供给的格局,双边及多边自由贸易协定的影响也日渐加大。

2. 全球价值链分工的竞争态势

在全球价值链竞争体系中,世界经济发展模式面临着深度调整。各国都力争在全球价值链条中占据优势地位,最大限度地维护自身的经济利益,国际分工竞争日趋激烈。例如,国际金融危机以来,欧美等发达国家提出"再工业化"战略,吸引跨国公司将制造业从新兴发展中经济体撤回,国际产业转移出现逆向流动,引发制造业的全面竞争格局出现。对于大多数国家来说,国际资本尤其是直接投资的流入对其在国际分工中的地位至关重要,而贸易自由化成为吸引国际资本进入的重要因素。② 各国为了保持或拥有在全球价值链分工中的竞争优势,分配到更多的全球化红利,在劳动力、技术等其他资源优势基本稳定的情况下,纷纷挖掘自由贸易潜力,推动区域自由贸易水平不断深化。

具体而言,在亚太成员中,东盟凭借发达的自由贸易区网络吸引到大量外部直接投资,增强了其在国际分工中的竞争地位。近年来,东盟吸引的外部国际直接投资(如中国、日本)也逐年增加,投资创造效应明显。表 6-4 为 2000~2014 年中国和日本对东盟直接投资的情况。从表 6-4 中可以看出,2000 年以来中国、日本对东盟的直接投资呈现出逐年增长的态势,他们与东盟签署自由贸易区以后这一趋势就更加明显。以中国对东盟

---

① Baldwin, R. 21st Century Regionalism: Filling the Gap between 21st Century Trade and 20th Century Trade Rules [R]. World Trade Organization (WTO), 2011.

② 当前,贸易自由化的范围已经不仅限于削弱贸易保护壁垒,而是朝着包含投资自由化在内的"深度一体化"方向发展。

的直接投资为例,2005年缔结的东盟—中国自贸区(ACFTA)分别是他们对外第一个自贸区(FTA)。2009年在东盟—中国自贸区的框架下,中国与东盟补充签署《投资协议》。此后,中国对东盟的直接投资加速增长。2014年中国对东盟的直接投资约为2008年国际金融危机时的9.4倍。作为摆脱金融危机的重要政策手段,日本相继与泰国(2007年)、印度尼西亚、菲律宾、文莱及东盟(2008年)、越南(2009年)缔结自由贸易区及经济合作协定(EPA)。2009年以来,日本对东盟的直接投资同样出现急剧增加的态势,对东盟的直接投资年均增长率超过40%。[①]

表6-4 2000~2014年中国和日本对东盟的直接投资

单位:亿美元

年份	中国	日本
2000	0.20	9.68
2001	1.36	26.79
2002	-0.53	43.95
2003	5.97	38.78
2004	11.83	62.34
2005	1.51	69.12
2006	19.58	101.56
2007	21.30	88.01
2008	9.47	42.86
2009	19.65	39.19
2010	40.52	111.71
2011	78.60	87.90
2012	57.18	212.06
2013	67.80	217.66
2014	88.69	133.81

资料来源:ASEAN Stats Database。

---

① 2013年以来,日本实施量化宽松政策导致日元大幅贬值,2014年日本总体对外直接投资则急剧下降。

贸易自由化使东盟吸引了大量国际直接投资的同时,其在投资来源国海外直接投资中的地位也得到显著上升。图6-2为2000~2014年日本在东盟、中国直接投资情况。

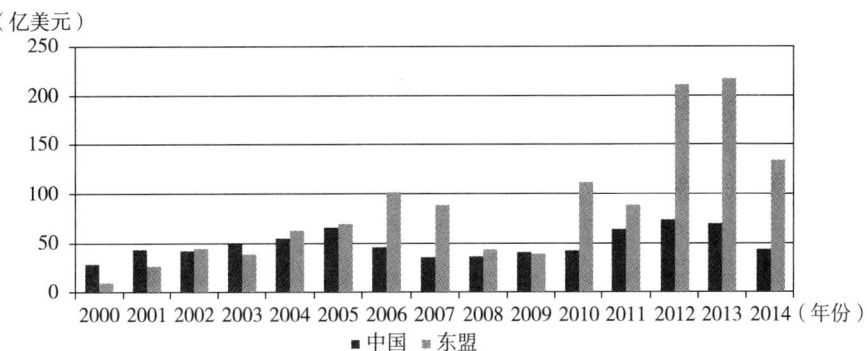

图6-2　2000~2014年日本对中国、东盟直接投资情况
资料来源:中国商务部外国投资管理司。

从图6-2中可以看出,2000年日本对中国的直接投资远大于对东盟的直接投资,大约是东盟的3倍。此后,日本对东盟的直接投资比例逐年增加,2004年已经超过对中国的直接投资。2012~2014年日本对东盟的直接投资总额已经是其对中国直接投资的3倍。这表明在国际分工网络中,东盟的区位和竞争优势日趋显著。而为了进一步维持这种竞争优势,东盟亦不断以其为轴心,扩大亚太区域自由贸易制度供给中的影响。例如《区域全面经济伙伴关系协定》(简称RCEP)便是东盟与中国、日本、韩国、澳大利亚、新西兰、印度6国在双边自由贸易协议基础上构建的大型自由贸易协议。

(二)亚太自由贸易制度供给约束机制

1. WTO审查机制约束

在多边贸易体制下,区域自由贸易协定可以视为对最惠国待遇原则的背离,因此WTO对区域自由贸易协定设立了具体的审查条件,主要集中在以下相关法律文件中:GATT第24条和《关于解释1994年关税与贸易总协定第24条的谅解》(简称GATT第24条)、《关于差别和更为优惠待遇、互惠及发展中国家的进一步参与的决定》（简称授权条款）、《服务贸易总协定》（GATS）第5条对服务贸易经济一体化的规定等。WTO成员签署区域自由贸易协定时需依据上述文件向WTO做出通报。① 统计数据表明（见表6-5），目前在向WTO通报的生效区域自由贸易协定中，依据GATT第24条及GATS第5条签署的数量最多为128个，约占全部的45.6%；依据GATT第24条签署的数量次之，为113个，约占总数量的40.2%。在亚太区域的自由贸易区中，涉及GATS第5条的数量所占比例最大，约占全部区域自由贸易协定的91%。这表明亚太区域自由贸易协定大多涉及服务贸易领域，从一个侧面反映了亚太区域贸易自由化的深度要高于全球平均水平。

表6-5　1995~2015年向WTO通报的区域自由贸易协定依据条款统计

	授权条款	GATS第5条	GATT第24条	授权条款+GATT第24条	授权条款+GATS第5条	GATT第24条+GATS第5条	GATT第24条+授权条款+GATS第5条	总数
全部成员	29	1	113	1	7	128	2	281
亚太区域	2	0	3	0	3	47	2	57

资料来源：数据来源于WTO官方网站，https://www.wto.org。

2. 自由贸易制度效能约束

亚太地区存在大量重叠的区域自由贸易协定以及各种战略性协定，虽然国家间通过谈判，降低了贸易壁垒，但这些贸易协定的管理机制规则不一、标准各异，纷繁复杂，"意大利面碗"效应阻碍着贸易企业对生效自由贸易区的利用效率，导致亚太自由贸易制度的效能低下。毕马威和汤森路透联合对中国、美国、巴西等11个国家446位全球贸易商进行调查。② 他们公布的《2015年全球贸易管理调查》发现，只有30%的调查对象表示他们的企业完全利用了所有适用的自由贸易区。即使是对自由贸易区整体

---

① 依据WTO的规定，向其通报的区域贸易自由化协定类型有：自由贸易协定（FTA, Free Trade Agreement）、关税同盟（CU, Customs Union）、经济一体化协定（EIA, Economic Integration Agreement）、局部自由贸易协定（PSA, Partial Scope Agreement）等。

② 资料来源：http://www.kpmg.com/CN/zh/IssuesAndInsights/ArticlesPublications/Pages/2015-Global-Trade-Management-Survey-O-201512.aspx，2015-12。

利用率最高的美国企业，其利用率也仅为41%，而整体利用率最低的印度，则只有19%。另外，在利用自由贸易区的企业中，复杂的原产地规则（占调查对象的41%）以及难以从供货商处收集原产地证明材料（占调查对象的38%）被认为是他们面临的最大挑战，占据企业大量时间，增加企业的运营成本，导致自由贸易区利用效能低下。因此，亚太自由贸易制度的内部效能约束意味着在制度供给方面，国家间双边贸易协定虽然容易达成，但是众多双边贸易协定叠加在一起会增加企业的利用成本，影响制度效能的发挥，因此减少自由贸易区的数量、扩大单个贸易协议的谈判国家范围有利于提高亚太自由贸易的制度供给效能。

综合来看，在亚太自由贸易制度供给的演变过程中，区域贸易自由化的蔓延以及全球价值链分工的竞争态势导致亚太自由贸易制度供给的扩张，但WTO审查机制及自由贸易制度效能约束又使亚太自由贸易制度供给规模不能无限制拓展。

三、亚太自由贸易制度供给改革

亚太自由贸易制度供给改革目标是在亚太地区建设高标准自由贸易制度，提高亚太自由贸易制度的利用效能，促进区域自由贸易的繁荣和发展。

（一）亚太自由贸易内容的不断深化对自由贸易制度供给改革提出更高要求

亚太区域自由贸易协定不仅在数量方面的急剧增加，其涉及范围也迅速扩大。霍恩（Horn）等根据自由贸易区文本内容[1]，将国际贸易规则体系划分为"WTO+"及"WTO-X"两大类。其中"WTO+"为WTO现有框架中的内容，包括工业品、农业品、海关程序等具体领域，被称为"第一代"贸易规则。"WTO-X"指的是尚未包含在现有多边贸易谈判领域里的内容，涉及劳动市场管制、消费者保护、国内立法与国际法的对接、经济政策对话、教育与培训、能源问题、财政政策、国际间产业合作、信息

---

[1] Horn, H., Mavroidis, P. C. and Sapir, A. Beyond the WTO? An anatomy of EU and US preferential trade agreements [J]. The World Economy, 2010 (33): 1565-1588.

传播、对中小企业的技术和金融支持、税收政策、签证等，即"第二代"贸易规则。两者之间的区别在于"第一代"贸易规则聚焦以"贸易规模"为主的传统贸易关系，强调以"市场准入"为核心的边境规则。而"第二代"贸易规则扩展为边境内规则，强调规制融合与协调①，主体服务于跨国资本的国际分工网络。正在进行谈判的亚太自由贸易区中《区域全面经济伙伴关系协定》（RCEP）是"第一代"贸易规则的典型代表。以美国为主导签署的《跨太平洋战略经济伙伴关系协定》（TPP）则被认为是"第二代"贸易规则的典型代表。②

表6-6　1982~2015年亚太自由贸易区文本的深度指标

自由贸易区	签署时间	协定深度	自由贸易区	签署时间	协定深度
韩国—东盟	2006	22	美国—新加坡	2003	44
韩国—新加坡	2003	39	澳大利亚—新西兰	1982	30
韩国—智利	2003	43	澳大利亚—日本	2014	34
韩国—加拿大	2014	44	澳大利亚—泰国	2004	40
韩国—澳大利亚	2014	45	澳大利亚—新加坡	2003	40
韩国—秘鲁	2011	49	澳大利亚—马来西亚	2012	45
韩国—新西兰	2015	50	东盟—澳大利亚—新西兰	2009	45
中国—智利	2005	22	澳大利亚—智利	2008	47
中国—新加坡	2008	25	印度—新加坡	2005	41
中国—东盟	2004	34	印度—马来西亚	2011	40
中国—新西兰	2008	36	印度—韩国	2009	35
中国—秘鲁	2009	38	印度—日本	2011	12
中国—澳大利亚	2015	39	印度—智利	2006	12
中国—韩国	2015	40	印度—ASEAN	2009	10
日本—东盟	2008	14	新加坡—秘鲁	2008	44

① 盛斌. 亚太自由贸易区：亚太区域经济一体化的新选择［J］. 国际经济合作，2014（11）：9-12.

② 《跨太平洋战略经济伙伴关系协定》（Trans-Pacific Partnership Agreement，TPP）的参加方是新西兰、新加坡、文莱、智利、美国、越南、秘鲁、澳大利亚、马来西亚、加拿大、墨西哥、日本12个亚太地区成员。

续表

自由贸易区	签署时间	协定深度	自由贸易区	签署时间	协定深度
日本—秘鲁	2011	28	智利—越南	2011	14
日本—越南	2008	29	智利—马来西亚	2010	16
日本—智利	2007	35	智利—墨西哥	1998	27
日本—文莱	2007	36	智利—秘鲁	2006	34
日本—马来西亚	2005	38	智利—加拿大	1996	35
日本—印度尼西亚	2007	39	秘鲁—墨西哥	2011	25
日本—菲律宾	2006	40	秘鲁—加拿大	2008	39
日本—墨西哥	2004	40	新西兰—泰国	2005	30
日本—泰国	2007	41	新西兰—新加坡	2000	34
日本—新加坡	2002	44	新西兰—马来西亚	2009	37
美国—韩国	2007	21	NAFTA	1992	43
美国—智利	2006	34	东盟	1992	37
美国—秘鲁	2006	38	TPP	2015	51
美国—澳大利亚	2004	41			

资料来源：WTO官方网站 http://www.wto.org/并经计算得出。

表6-7 亚太经济体自由贸易区的平均深度

国家	FTA平均深度	国家	FTA平均深度
加拿大	42.40	马来西亚	32.42
澳大利亚	41.55	文莱	31.13
新西兰	39.13	智利	30.83
美国	38.86	泰国	30.33
韩国	38.80	菲律宾	28.86
秘鲁	38.44	印度尼西亚	28.71
墨西哥	37.20	越南	28.44
新加坡	34.93	柬埔寨	27.00
日本	34.38	缅甸	27.00
中国	33.43	印度	25.00

资料来源：根据表6-6中的数据计算得出。

为了对亚太区域的自由贸易区进行深入对比和分析，我们参考金（2014）的研究，利用联合国亚洲及太平洋经济社会委员会（UNESCAP）的条款分类标准对自由贸易区文本的深度进行定量分析（具体见表6-6及表6-7）。从分析结果中可以看出，亚太经济体间签署的自由贸易区在文本深度方面存在明显分化，这与经济发展水平密切相关。发达国家如澳大利亚、加拿大、韩国、新西兰、美国等签署的自由贸易区涉及范围较广，深度得分较高，属于亚太贸易自由化领先国家。印度、越南、柬埔寨等人均收入较低国家的自由贸易区涉及范围较窄，是亚太贸易自由化方面的落后国家。亚太国家在贸易自由化水平方面存在巨大差异，单一的贸易政策规则体系难以满足亚太成员的发展需要。此外，随着时间的推移，亚太经济体贸易自由化的程度逐年加深。以中国为例，2005年中国最初与智利签署的自由贸易区只涉及22项内容，但2015年中国与韩国、澳大利亚达成的自由贸易区涉及近40项内容，涉及范围大大拓展。总之，高水平的贸易自由化是亚太国家普遍追求的目标，也是亚太自由贸易制度供给的改革方向。

（二）全球价值链分工影响亚太自由贸易规则体系的重构路径

当前，亚太区域内大大小小的自由贸易区近60个，其中包括两个超级自由贸易区——RCEP、TPP。重叠化、碎片化区域自由贸易协定交互作用，造成亚太区域贸易治理的复杂态势。全球价值链分工对亚太自由贸易规则体系的两条重构路径均产生重要影响。

亚太自由贸易规则体系重构的第一条改革路径，是在消除传统贸易壁垒的同时，强调重点解决跨国公司在国际分工及产业布局方面的障碍。目前，以TPP为代表的"第二代"新贸易规则体系主要体现了该改革路径的要求。在此路径下，"第一代"贸易规则体系可以作为"第二代"规则体系的预备阶段，新旧贸易规则体系同时并存，各自独立发展与推进。当所有成员都接受高水平的贸易自由化规则后，"第二代"贸易规则体系将全面替代现有多边贸易体制成为亚太自由贸易制度主体，即升级为WTO 2.0。在实践中，美国、日本等发达经济体基于各自的贸易利益、贸易自由化程度以及在全球价值链分工中的主导地位，主张并推动亚太自由贸易制度沿着第一条路径进行改革。但由于美国国内政治局势的演变使TPP推进进程存在较大不确定性，从而为该规则体系重构路径蒙上阴影。

亚太自由贸易规则体系重构的第二条路径则主张在不同制度环境中分别处理贸易壁垒及跨国公司的国际分工及产业布局障碍问题，该路径主要通过 RCEP 的谈判来实现。在第二条路径下，亚太自由贸易制度供给改革不应集中在贸易规则体系主导权的替换方面，而是在现有贸易规则体系下，为更多国家提供统一、旨在消除贸易壁垒的自由贸易安排，解决跨国资本的国际分工及产业布局障碍问题则另外提供补充机制予以解决。该路径强调亚太自由贸易制度应该承担多边贸易体制（WTO）"垫脚石"的任务，在多边贸易体系的框架内统筹和推进亚太地区的贸易自由化。也就是说，该路径下多边贸易体制（WTO）依旧是亚太自由贸易制度的主体，区域自由贸易安排则构成多边贸易体制的有益补充。这条改革路径虽然更加符合亚太区域中发展中国家的贸易利益，但同样也面临着相关贸易诉求繁杂、难以协调等困难。

总之，由于不同制度供给方在经济发展、贸易利益等方面存在异质性，加上全球价值链分工的动态影响，亚太自由贸易规则体系的重构过程也更加复杂，需要较长时间的协调与融合。

（三）中国的亚太自由贸易制度供给创新

1. 亚太贸易自由化机制创新

中国通过积极参加 RCEP、中日韩自贸区以及亚太自贸区的谈判，为亚太自由贸易制度供给提供改革方案。RCEP 起源于东盟与中国、韩国、日本、澳大利亚、新西兰以及印度 6 个国家签订的双边自由贸易区。东盟 10 国虽然与 6 国达成双边 FTA 协议，但这些已有协议对于其余 6 国之间（尤其是中国、日本、韩国之间及印度与其他国家之间）贸易自由化谈判的作用并不明显，因此东盟虽然是 RCEP 的核心国家，但不能在关键问题上主导 RCEP 的进程。中国作为世界贸易大国，又是 RCEP 参与国，自然对 RCEP 的推进起到重要的作用。2015 年中国已经与韩国、澳大利亚达成双边 FTA 协议。中韩 FTA 在 RCEP 内部双边 FTA 中属于高层次的自由贸易区，中国可以以此为蓝本推动 RCEP 谈判的尽快达成。长期以来，东亚生产网络中密切合作的三个重要贸易国家——中国、日本、韩国在贸易自由化方面的合作与博弈却深受内部及外来政治关系的困扰。中日韩之间的 FTA 谈判在 2012 年才启动，三国虽然力促达成协议，但进展不容乐观，因此也迫切需要中国的积极推动。在积极推动 RCEP、中日韩自贸区谈判的同时，2014 年中国在 APEC 框架下提出"亚太自由贸易区（FTAAP）"建设方案——《亚太经合组织推动实现亚太自由贸易区北京路线图》（简称"北京路线图"）。"北京路线图"提出以来，在中国的努力下，亚太自贸区建设的可行性研究启动，投资、服务、原产地规则等领域的合作等也在逐步完善，为构建开放型、高标准的亚太自贸区迈出重要一步。中国通过亚太自由贸易区的建设，"最大程度增强自由贸易安排的开放性和包容性，提高亚太开放型经济水平、维护多边贸易体制"。①

2. 亚太共同体机制创新

为了进一步促进及引领亚太成员在全球价值链分工方面的合作，在积极推动区域自由贸易协定谈判的过程中，中国提出建立"亚太共同体"机制。为此，中国启动并实施以"丝绸之路经济带"和"21 世纪海上丝绸之路"为核心的"一带一路"倡议。"一带一路"倡议是中国区域贸易自由化背景下新一轮全方位对外开放的重大举措②，内涵是通过政策沟通、设施联通、贸易畅通、资金融通、民心相通，建设亚太国家利益共同体、责任共同体和命运共同体。在"一带一路"倡议下，物流、能源、交通、电信等基础设施方面的建设，对消除跨国公司在国际分工及产业布局方面的障碍意义重大，是其优先领域。而旨在消除贸易投资壁垒、促进贸易投资自由化的"贸易畅通"则是"一带一路"倡议强调的重点内容。中国通过"一带一路"倡议建立"亚太共同体"，在实现贸易自由化的同时，使亚太国家参与全球价值链分工的程度不断深化。

3. 国际制度的内化机制创新

目前，中国虽然尚未参与"第二代"贸易规则体系的谈判中，但是由于"第二代"贸易规则体系代表着更高层次的贸易自由化，有助于我国在新常态背景下实现经济发展目标，因此先进的贸易规则体系对中国也具有较强的吸引力。为适应自由贸易新规则体系带来的挑战，中国相继建立上海、广东、天津、福建等自由贸易试验区，在管理模式方面引入"第二代"贸易规则体系中普遍采取"负面清单"等制度，探索先进国际贸易投资规则体系的内化机制。目前，通过国内的自由贸易试验区在管理体制、

---

① 习近平.发挥亚太引领作用 应对世界经济挑战——在亚太经合组织工商领导人峰会上的主旨演讲 [EB/OL]. 新华网，http://news.xinhuanet.com/mrdx/2015-11/19/c_134831551.htm，2015-11-19.

② 李向阳.构建"一带一路"需优先处理的关系 [J]. 国际经济评论，2015（1）：54-63.

促进机制、政策体系和监管模式等方面得出的可复制可推广的经验，已经在更大范围内得到推广和实施，提高了我国对先进国际贸易规则的适应能力，有助于我国积极参与亚太区域的自由贸易进程。

四、结论及政策建议

亚太自由贸易制度供给与全球价值链分工之间存在内在的密切联系。在激烈竞争的国际环境中，自由贸易优势成为一种新的"资源优势"，与全球价值链分工中的原有竞争优势相结合，凸显出亚太成员在国际产业链条中的地位和优势。而为了保持或增强全球价值链分工下的竞争优势，亚太各国也在不断增加区域自由贸易制度供给。

从亚太自由贸易制度供给方来说，WTO仍旧是全球贸易治理的重要平台以及亚太自由贸易制度的主要供给方。但在传统市场准入方面，WTO成员的谈判空间已经十分有限，现有多边自由贸易安排并不能满足各经济体的经济发展需求。目前，亚太区域内所有国家都签署了若干个双边或多边自由贸易区，这些区域自由贸易协定重叠交织在一起，构成复杂的自由贸易区网络。全球价值链分工格局直观地体现了亚太成员在贸易自由化过程中的核心贸易利益。在亚太自由贸易制度供给的演变中，区域贸易自由化的蔓延以及全球价值链分工的竞争态势促进自由贸易制度供给的扩张，但WTO审查机制及自由贸易制度效能约束限制着亚太自由贸易制度供给规模的进一步拓展。高水平的、涉及多个国家的区域自由贸易协定更加符合提高制度供给效能的需要，是亚太自由贸易制度未来重点供给的对象。亚太自由贸易制度供给改革目标是建设高标准自由贸易制度，提高亚太自由贸易制度的利用效能，促进区域自由贸易的繁荣和发展。在此过程中，全球价值链分工影响着亚太自由贸易规则体系的重构路径。"第一代""第二代"贸易规则体系及它们在全球贸易治理体系中的地位转换成为影响亚太贸易自由化进程的关键。

在亚太自由贸易规则重构过程中，中国作为经济、贸易大国，应该抓住地缘政治、经济变迁中的契机，在亚太自由贸易供给制度改革中发挥重要作用。首先，中国在全球价值链分工中的地位及优势决定了其在制成品贸易方面具有重大贸易利益，因此不能放松在传统市场准入方面的自由贸易谈判，应该加快自由贸易区谈判的步伐。同时，中国不仅要在贸易自由化的广度方面投入精力,也应该在自由贸易区的深度方面继续推进,构建起高质量的自由贸易区网络。其次,中国要在"一带一路"倡议下加强全球价值链分工方面的合作。中国要通过"一带一路"倡议推动亚太区域内乃至跨区域的国际分工合作,为新常态下国内经济发展提供良好的外部环境。最后,中国要实现引领亚太贸易自由化进程的目标,必须重视国内规则的导出机制建设。不仅要引入高水平的国际贸易及投资规则,更应在国际规则内化过程中将国内开放经济体制创新经验与优势作为贸易规则输出的来源,以此推动亚太贸易自由化进程不断深化。

第二节 推进中国 FTA 网络建设及开放利益耦合路径探索

当前中国对外贸易面临的外部环境发生了一系列重要变化,其中全球化进程受阻的影响最为深远。金融危机带来的全球经济放缓引发各国尤其是发达国家中关于工作流失、贸易利益的分配以及移民问题等社会难题的争论,"反全球化"的力量迅速蔓延。在欧洲,2016 年 4 月德国数万人抗议欧盟与美国之间正在进行的大型自由贸易协定谈判——跨大西洋贸易和投资伙伴协定(TTIP)。2016 年 6 月英国以公投方式决定"脱欧",给运转多年的欧洲一体化进程造成沉重打击。在北美,两位美国总统候选人——希拉里与特朗普在竞选阶段已经表示反对跨太平洋贸易协定(TPP),赢得选举后的特朗普退出 TPP 协议。此外,欧盟与加拿大之间虽然已于 2016 年 10 月签署了《综合经济与贸易协定》,但欧盟成员的批准过程一波三折。这一切均表明当前全球化走到了新的十字路口,即旧全球化体系正在衰退,新的全球化运行机制有待建立。近年来,全球化的受阻导致世界货物贸易及服务贸易额的增速明显放缓,不仅在 2015 年出现下降的情形,2018 年全球货物贸易量增速也可能下滑 0.3%。①

与此同时,全球范围内自由贸易网络区域化、碎片化趋势明显。世界

---

① 习近平系列重要讲话数据库 [EB/OL]. 人民网, http://jhsjk.people.cn/article/30435825, 2018-12-01.

第六章　中国自由贸易区网络建设与多元化开放利益耦合机制

贸易组织（WTO）虽然仍旧是全球贸易治理的主要平台，但随着其涉及议题愈加广泛和复杂，成员在国内产业、投资、知识产权等领域利益分歧深化并难以协调，在全球范围内达成新自由贸易协定的希望越来越渺茫。随着多边自由贸易谈判陷入困境，双边或诸边自由贸易协定逐渐占据主动，区域贸易自由化呈蔓延趋势，成员参与多个自由贸易协定的情况越来越普遍。2000 年以来，全球每年大约有 10~20 个自由贸易协定完成谈判并生效。WTO 统计资料表明，截至 2016 年末全球有 285 个生效的自由贸易协定，另外还有 39 个正在谈判的自由贸易协定向 WTO 作"早期通知"。

党的十八届五中全会指出，中国要"扩大开放"，不断"提升开放型经济水平"。习近平总书记强调"当前，经济全球化快速发展，综合国力竞争更加激烈，国际形势复杂多变。中国要抓住机遇、迎接挑战，实现新的更大发展，根本上还要靠改革开放"[①]。党的十九大报告也对推动我国的自由贸易区网络建设，形成全面开放新格局提出要求和部署。2018 年 11 月 5 日在首届中国国际进口博览会开幕式上，习近平主席强调当前建设开放型世界经济的重要性，指出中国将在"激发进口潜力、持续放宽市场准入、营造国际一流营商环境、打造对外开放新高地、推动多边和双边合作深入发展"五个方面进一步扩大开放。[②] 在当前全球化受阻、中美贸易争端频繁以及自由贸易网络碎片化等诸多不利因素叠加的背景下，扩大开放是推动中国未来 FTA 网络建设以及实现多元化发展利益的有效途径和重要保障。为此，笔者提出如下政策建议：

一、合理设置原产地规则标准使中国自由贸易区网络更多地承担多边贸易体制（WTO）"垫脚石"角色

前文对自由贸易区网络空间结构特征的分析表明，FTA 网络已经覆盖全球绝大多数国家，他们之间 FTA 联系已经变得交错复杂。21 世纪以来，签署自由贸易区协议的国家（地区）数量超过 120 个。每个国家（地区）平均拥有的自由贸易协定数量从 2000 年的 10 个左右增加至 2015 年的 24

---

① 中共中央文献研究室. 习近平关于全面深化改革论述摘编［M］. 北京：中央文献出版社，2014.
② 习近平系列重要讲话数据库［EB/OL］. 人民网，http://jhsjk.people.cn/article/30399039, 2018-11-14.

个、国家（地区）签署自由贸易协定的峰值超过50个。随着各种自由贸易协议数量的增多，自由贸易区网络叠加程度也持续增加，自由贸易区网络空间联系也更为复杂。这导致近年来自由贸易区网络的整体效率不断下滑，网络的冗余程度大幅提高，"意大利面碗"现象在全球各区域不断出现并加重，严重阻碍了贸易自由化进程。

为了使中国自由贸易区网络更多地承担多边贸易体制（WTO）"垫脚石"角色，合理设置原产地规则体系十分关键。原产地规则体系是自由贸易区协议在实施过程中进口国海关根据产品的不同来源，实现差别关税优惠或差别待遇、数量限制的重要依据。WTO《原产地规则协议》中将原产地规则定义为"任何成员为确定货物的原产地而实施的普遍适用的法律、法规和行政裁决"。原产地规则是 FTA 协议的重要组成部分，也是衡量 FTA 协议贸易自由化程度的重要指标，也是自由贸易区网络化后造成"意大利面碗"效应的一个重要原因。

在原产地规则体系中，决定货物原产地的原产地标准是其核心内容。目前世界上原产地标准一般分为"完全获得标准"和"实质性改变标准"两大类，原产地标准的差异主要体现在后者上。"实质性改变标准"一般通过区域价值成分（RVC）、税则归类改变（CTC）和特定制造加工程序（SPR）三种标准来判断产品是否已经实质性改变①。此外，其他如原产地证书的签发、格式等程序性内容也会影响原产地规则实施过程中的严格程度。以美国为例，其 FTA 优惠原产地规则往往比 WTO《原产地规则协议》严格得多。例如2018年达成的美墨加协议（USMCA）就引入"劳动价值含量规则"——汽车必须含有特定比例（30%~40%）的高工资生产成本才符合 USMCA 的原产地标准。

严苛的自由贸易区协议原产地标准大幅削弱了多边贸易体制下关税优惠的积极影响。为了体现支持多边贸易体制（WTO）的原则，在中国的 FTA 协议谈判中可以采取放宽原产地认定标准、允许较高的吸收、累积规则、微量标准，或者允许出口企业在不同标准间进行选择等措施。例如2015年东盟—中国 FTA 升级后，就已经将原产地规则的限制放宽，原产地

---

① 税则归类改变（CTC）是指某协议国进口原材料与出口产品的海关编码发生变化，例如北美自由贸易协定多采用该标准。特定制造加工程序（SPR）是指如果特殊工序在协议国进行，例如美国—韩国 FTA 原产地规则即包含类似标准。区域价值成分（RVC）是指产品经某成员方生产后的增加值达到相关比例，例如美国普惠制安排、美国—韩国 FTA 等。

规则限制指数也从原来的 3.876 降至 3.432，贸易自由化程度得到了很大的提升。同时还可以建立 FTA 协议原产地规则库，将原产地规则压缩简化，便于分类查询。同时，在贸易监管方面，需要尽量简化出口原产地证书等的申请程序，降低申请成本从而有效降低企业利用 FTA 的实际成本。

二、积极推动数字贸易开放和自由化

当前数字贸易增长迅速，商务部研究院《全球服务贸易发展指数报告 2018》指出，当前由数字化技术推动的数字贸易已经成为中国服务贸易发展的新趋势。2017 年中国网络游戏海外发行市场规模超过 60 亿美元，同时在线出境游、数字音乐、数字文学等新业态出口规模也在逐步扩大。①

与此同时，近年来各国纷纷通过国内立法在跨境数据流动等方面加强管理，严重制约数字贸易的发展。在数字贸易自由化领域，多边及各区域自由贸易协定层次上均存在较大的分歧或问题。例如 Sacha Wunsch-Vincent、Arno Hold（2012）指出，当前在多边贸易规则体系方面缺少对数字产品明确分类。② 而从区域自由贸易协定来看，当前主要有两个重要谈判模式——美国模式和欧盟模式。其中美国模式 FTA 属于数字贸易规则体系中的开放模式。在美国模式的电子商务章节中，数字产品被明确加以定义，同时确认 WTO 贸易规则对电子商务的适用性，确保了数字贸易内容下的免关税原则并且向数字产品提供了非歧视待遇和最惠国待遇。美国模式也扩展到其他双边自由贸易区协议，例如新加坡—澳大利亚、泰国—澳大利亚、印度—新加坡、日本—新加坡、韩国—新加坡等。在美国 FTA 模式下，大多数自由贸易协定涵盖了电子商务监管议题等深度数字贸易规则。而欧盟模式 FTA 则属于数字贸易规则体系中的保守模式。欧盟签署的大部分自由贸易区谈判模式偏于保守，并没有一个专门的电子商务章节，

---

① 商务部研究院：中国数字贸易发展势头良好 [EB/OL]. 中国服务贸易指南网, http://tradeinservices.mofcom.gov.cn/article/news/gnxw/201809/69312.html, 2018-09-10.
② Sacha Wunsch-Vincent, Arno Hold. Towards Coherent Rules for Digital Trade: Building on Efforts in Multilateral Versus Preferential Trade Negotiations [M] // Thomas Cottier (ed.). Trade Governance in the Digital Age. Cambridge: Cambridge University Press, 2012: 192-193.

更多的是在服务贸易章节下设置电子商务相关的子章节。欧盟FTA的服务贸易章节虽然包含电子商务监管合作，但除了数据保护领域提及缔约方同意在发展电子商务上必须完全符合数据保护的国际标准外，没有太多规范性表述。

中国最初的FTA协议均较少涉及电子商务和数字产品议题，仅在中国—东盟FTA中强调双方合作的范围包括促进信息通信技术和电子商务发展的声明。而基于跨境电商及数字贸易在我国的重要地位，中国近年来新签署的FTA，例如中国—韩国、中国—澳大利亚FTA均已经包括独立的电子商务章节，但多为数字传输免关税、电子签名与电子认证、无纸化管理等"浅度"数字贸易规则。

党的十九大报告提出建设"数字中国"，拓展对外贸易，培育贸易新业态、新模式，推进贸易强国建设等目标。因此为了推动中国数字经济、数字贸易的发展，进一步促进数字贸易自由化，中国未来在兼顾数字安全等监管方面需求的同时，应该在FTA协议谈判中偏向于采取美国模式FTA有关数字贸易的开放原则，积极推动WTO规则体系下的数字贸易自由化新议题的谈判，不断拓展中国对外贸易发展新空间。

三、将中国FTA网络与建设境外经贸合作区以及对发展中国家援助等有机结合，促进多元化开放利益稳定增长

境外经贸合作区是指我国企业在境外有条件的国家或地区建设或参与建设的基础设施较为完善，产业链较为完整，带动和辐射能力较强，影响力较大的工业、农业或服务业园区，以吸引中国或其他国家企业投资兴业。与边境经济合作区相比，境外经贸合作区拥有国家层面的统筹指导，其影响力更大，所受限制更小。与跨境经济合作区相比，境外经贸合作区由中央政府进行财政、政策等支持，与东道国政府签订优惠及合作协议，因此合作基础更为稳定、坚实。随着国内工业园区开始向全球复制与推广，"境外经贸合作区"逐渐成为其他国家了解中国改革开放的发展理念和管理模式，共享开放型经济发展经验的重要途径，进而成为推动中国积极参与全球价值链分工、拓展中国开放政策的外溢空间、实现多元化发展利益的重要平台。

因此建议在我国FTA谈判中引入"境外经贸合作区建设"条款。目

前，我国 FTA 协议文本中，"合作"或"经济合作"章节涉及投资自由化内容比较简略，涉及境外经贸合作区的只有中韩 FTA 的第 17.26 条"中韩产业园"。① 2017 年 5 月正式签署的中国—格鲁吉亚 FTA 协议中，合作领域方面即协议第 12 章仅有两条——投资与电子商务。这表明，在中国 FTA 谈判方面对境外经贸合作区建设的重要性认识仍有待加强。将来在中国设立境外经贸合作区较多的国家进行 FTA 谈判时，应该引入相应条款，提高境外经贸合作区的法律地位。

此外，经过改革开放 40 年的不懈努力，作为发展中国家的一员——中国同时也成为世界贸易大国。在此过程中，中国需要协调好发展中国家和世界贸易大国的双重身份，维护发展中国家的政策空间和发展权益。中国的 FTA 网络成员有些仍属于经济发展比较落后的中低收入国家，而中国在工业、农业、经济基础设施、公共设施、医疗卫生和教育等领域具有一定的对外援助经验，将境外经贸合作区、FTA 谈判与中国的对外援助项目进行有机结合，不仅能够为推进境外经贸合作区建设提供良好的基础设施和人文环境，而且能够推动中国与 FTA 网络成员共同实现多元化开放利益的增长，共享中国开放的发展红利。

---

① 主要内容是缔约双方同意在指定产业园的设立、运营和发展方面加强合作，包括知识分享、信息交换和投资促进；缔约双方应致力于推动指定产业园内企业的相互投资。

参考文献

［1］Aghion Philippe, Antras Pol, Helpman Elhanan. Negotiating free trade [J]. Journal of International Economics, 2007, 73 (1): 1-30.

［2］Anderson J. E., Marcouiller D. Insecurity and the Pattern of Trade: An Empirical Investigation [J]. Review of Economics & Statistics, 2006, 84 (2): 342-352.

［3］Antras P., Chor D., Fally T., Hillberry R. Measuring the Upstreamness of Production and Trade Flows [J]. American Economic Review, American Economic Association, 2012, 102 (3): 412-416.

［4］Antràs P., Chor D. Organizing the Global Value Chain [R]. National Bureau of Economic Research, 2012.

［5］Bagwell, Kyle, Robert W. Staiger. Profit Shifting and Trade Agreements in Imperfectly Competitive Markets [J]. International Economic Review, 2012, 53 (4): 1067-1104.

［6］Bagwell Kyle, Staiger Robert W. Reciprocity, non-discrimination and preferential agreements in the multilateral trading system [J]. European Journal of Political Economy, 2001 (6): 281-325.

［7］Baier Scott L., Bergstrand Jeffrey H. Do free trade agreements actually increase members' international trade? [J]. Journal of International Economics, 2007, 71 (1): 72-95.

［8］Baier, Scott L., Jeffrey H. Bergstrand. Economic Determinants of Free Trade Agreements [J]. Journal of International Economics, 2004, 64 (1): 29-63.

［9］Baier S. L., Bergstrand J. H., Mariutto R. Economic Determinants of Free Trade Agreements Revisited: Distinguishing Sources of Interdependence [J]. Review of International Economics, 2014, 22 (1): 31-58.

［10］Baldwin R. E. The Causes of Regionalism [J]. World Economy,

1997, 20 (7): 865-888.

[11] Baldwin, Richard. Big-Think Regionalism: A Critical Survey in Regional Rules in the Global Trading System [M]. U. K: Cambridge University Press, 2009.

[12] Baldwin Richard E. A Domino Theory of Regionalism [R]. National Bureau of Economic Research Working Paper, 1993.

[13] Baldwin, Richard E., Anthony J. Venables. Regional economic integration [M] // G Grossman, K Rogoff Handbook of International Economics Amsterdam: North Holland, 1995: 1597-644.

[14] Baldwin, Richard. Multilateralising Regionalism: Spaghetti Bowls as Building Blocs on the Path to Global Free Trade [J]. World Economy, 2006, 29 (11): 1451-1518.

[15] Baldwin Richard. Preferential Trading Arrangements [M] // Amrita Narlikar, Martin Daunton, Robert Stern (Eds.). The Oxford Handbook on the World Trade Organization. Oxford, United Kingdom: Oxford University Press, 2012.

[16] Baldwin R., Jaimovich D. Are Free Trade Agreements contagious? [J]. Journal of International Economics, 2012, 88 (1): 1-16.

[17] Barabási A. L., Albea R. Emergence of Scaling in Random Networks [J]. Science, 1999, 286 (2): 509-512.

[18] Bhagwati Jagdish, Panagariya Arvind. The Theory of Preferential Trade Agreements: Historical Evolution and Current Trends [J]. American Economic Review, American Economic Association, 1996 (5): 82-87.

[19] Bhattacharya K., Mukherjee G., SarAamaki J., Kaski K., Manna S. S. The international trade network: Weighted network analysis and modelling [J]. Journal of Statistical Mechanics Theory & Experiment, 2008, 41 (4): 139-147.

[20] Blonigen, B. A., Piger J. Determinants of Foreign Direct Investment [R]. NBER Working Paper, 2011.

[21] Burstein A., Kurz C., Tesar L. Trade, production sharing, and the international transmission of business cycles [J]. Journal of Monetary Economics, 2005, 55 (4): 775-795.

[22] Calderón C., Chong A., Stein E. Trade intensity and business cycle

synchronization: Are developing countries any different? [J]. Ssrn Electronic Journal, 2007, 71 (1): 2-21.

[23] Cao, Jiyun. The consideration of hub-and-spoke status in FTA formation [J]. Bulletin of Economic Research, 2015, 67 (4): 382-392.

[24] Caroline L Freund. Spaghetti regionalism [R]. International Finance Discussion Papers, Board of Governors of the Federal Reserve System (U. S.), 2000.

[25] Carrere Celine. Revisiting the effects of regional trade agreements on trade flows with proper specification of the gravity model [J]. European Economic Review, 2006, 50 (2): 223-247.

[26] Carsten Kowalczyk, Ronald J Wonnacott. Hubs and Spokes, and Free Trade in the Americas [R]. National Bureau of Economic Research, 1995.

[27] Chakrabarti, A. The Determinants of Foreign Direct Investment: Sensitivity Analyses of Cross-Country Regressions [J]. KYKLOS, 2001, (54): 89-114.

[28] Chen Maggie Xiaoyang, Joshi Sumit. Third-country effects on the formation of free trade agreements [J]. Journal of International Economics, 2010, 82 (2): 238-248.

[29] Claustre Bajona, Tianshu Chu. Reforming State Owned Enterprises in China: Effects of WTO Accession [J]. Review of Economic Dynamics, Elsevier for the Society for Economic Dynamics, 2010, 13 (4): 800-823.

[30] Crosby M. Business cycle correlations in Asia-Pacific [J]. Ssrn Electronic Journal, 2003, 80 (1): 35-44.

[31] Crucini M. J., Kose A., Otrok C. What Are the Driving Forces of International Business Cycles? [J]. Review of Economic Dynamics, 2011, 14 (1): 156-175.

[32] Deltas G., Desmet K., Facchini G. Hub-and-Spoke Free Trade Areas [J]. Cepr Discussion Papers, 2006 (3): 942-977.

[33] Deltas G., Desmet K., Facchini G. Hub-and-spoke free trade areas: Theory and evidence from Israel [J]. Canadian Journal of Economics, Canadian Economics Association, 2012, 45 (3): 942-977.

[34] Egger P., Larch M. Interdependent preferential trade agreement

memberships: An empirical analysis [J]. Journal of International Economics, 2008, 76 (2): 384-399.

[35] Eicher, Theo S. , Christian Henn . In search of WTO trade effects: Preferential trade agreements promote trade strongly, but unevenly [J]. Journal of International Economics, 2011, 83 (2): 137-53.

[36] Fagiolo Giorgio, Reyes Javier, Schiavo Stefano. On the topological properties of the world trade web: A weighted network analysis [J]. Physica A: Statistical Mechanics and its Applications, 2008, 387 (15): 3868-3873.

[37] Frankel J. A., Rose A. K. The Endogeneity of the Optimum Currency Area Criteria [J]. The Economic Journal, 1998, 108 (449): 1009-1025.

[38] Freund C. Different Paths to Free Trade: The Gains from Regionalism [J]. Quarterly Journal of Economics, 2002, 115 (4): 1317-1341.

[39] Garlaschelli D., Loffredo M. I. Fitness-dependent topological properties of the world trade web [J]. Physical Review Letters, 2004, 93 (18).

[40] Garlaschelli D., Loffredo M. I. Structure and evolution of the world trade network [J]. Physica A Statistical Mechanics & Its Applications, 2005, 355 (1): 138-144.

[41] Ghosh S., Yamarik S. Does Trade Creation Measure Up? A Reexamination of the Effects of Regional Trading Agreements [J]. Economics Letters, 2004, 82 (2): 213-219.

[42] Giorgio Fagiolo, Javier Reyes, Stefano Schiavo. The evolution of the world trade web: A weighted-network analysis [J]. Journal of Evolutionary Economics, 2010, 20 (4): 479-514.

[43] Giovanni J. D., Levchenko A. A. Putting the Parts Together: Trade, Vertical Linkages, and Business Cycle Comovement [J]. American Economic Journal Macroeconomics, 2009, 2 (2): 95-124.

[44] Giovanni Maggi, Andrés Rodríguez-Clare. A Political-Economy Theory of Trade Agreements [J]. American Economic Review, American Economic Association, 2007, 97 (4): 1374-1406.

[45] Girardin E. Regime-Dependent Synchronization of Growth Cycles between Japan and East Asia [J]. Asian Economic Papers, 2006, 3 (3): 147-176.

[46] Grossman, Gene , Elhanan Helpman. The Politics of Free Trade A-

greements [J]. American Economic Review, 1995, 85 (4): 667-690.

[47] Hirata H., Kose M. A., Otrok C. Regionalization vs. Globalization [R]. International Monetary Fund Working Papers, 2013.

[48] Hufbauer, Gary Clyde , Jeffrey J. Schott. NAFTA: An Assessment [M]. DC: Institute for International Economics Washington, 1993.

[49] Hur Jung, Alba Joseph D., Park Donghyun. Effects of Hub-and-Spoke Free Trade Agreements on Trade: A Panel Data Analysis [J]. World Development, Elsevier, 2010, 38 (8): 1105-1113.

[50] Imbs J. Trade, Finance, Specialization, and Synchronization [J]. Review of Economics and Statistics, 2004, 86 (3): 723-734.

[51] Inklaar R., Jong-A-Pin R., Haan J. D. Trade and business cycle synchronization in OECD countries-A re-examination [J]. European Economic Review, 2005, 52 (4): 646-666.

[52] Jeffrey A. Frankel, Shang-Jin Wei. European Integration and the Regionalization of World Trade and Currencies: The Economics and the Politics [R]. Center for International and Development Economics Research (CIDER) Working Papers C95-053, 1995.

[53] Johnson R. C. Trade in Intermediate Inputs and Business Cycle Movement [J]. American Economic Journal Macroeconomics, 2014, 6 (4): 39-83 (45).

[54] Jong-Wha Lee, Innwon Park, Kwanho Shin. Proliferating Regional Trade Arrangements: Why and Whither? [J]. The World Economy, Wiley Blackwell, 2008, 31 (12): 1525-1557.

[55] Kemp, M., Wan, H. Elementary propo-sition concerning the formation of custom unions [J]. Journal of International Economics, 1976 (6): 95-97.

[56] Kohl T., Brakman S., Garretsen H. Do Trade Agreements Stimulate International Trade Differently? Evidence from 296 Trade Agreements [J]. The World Economy, 2016, 39 (1): 97-131.

[57] Kolstad, I. Wiig, A. What Determines Chinese Outward FDI? [J]. Journal of World Business, 2012, 47 (1): 26-34.

[58] Koopman Robert, Wang Zhi , Wei Shang-Jin. Tracing Value-added

and Double Counting in Gross Exports [J]. American Economic Review, 2014, 104 (2): 459-494.

[59] Kose M. A., Yi K. M. Can the standard international business cycle model explain the relation between trade and comovement? [J]. Journal of International Economics, 2005, 68 (2): 267-295.

[60] Krishna Pravin. Regionalism and Multilateralism: A Political Economy Approach [J]. The Quarterly Journal of Economics, 1998, 113 (1): 227-251.

[61] Krugman P. Increasing Returns and Economic Geography [J]. Journal of Political Economy, 1991, 99 (3): 483-499.

[62] Krugman P., Venables Anthony J. Integration [R]. Centre for Economic Performance, 1993.

[63] Kyle Handley, Nuno Limão. Policy Uncertainty, Trade and Welfare: Theory and Evidence for China and the U. S [R]. Research Seminar in International Economics, 2016.

[64] Limão, Maggi Giovanni. Uncertainty and Trade Agreements [J]. American Economic Journals: Microeconomics, 2015, 7 (4): 1-42.

[65] Limão Nuno. Preferential Trade Agreements [R]. NBER Working Paper No. 22138, 2016.

[66] Lloyd P. J., Maclaren D. Gains and Losses from Regional Trading Agreements: A Survey [J]. Economic Record, 2010, 80 (251): 445-467.

[67] Luca De Benedictis, Roberta De Santis, Claudio Vicarelli. Hub-and-Spoke or else? Free trade agreements in the "enlarged" European Union [J]. European Journal of Comparative Economics, Cattaneo University (LIUC), 2012, 2 (2): 245-260.

[68] Maggi G. International Trade Agreements [M]. The Handbook of International Economics, 2014 (4): 317-390.

[69] Maggi, Giovanni, Andres Rodriguez-Clare. A Political-Economy Theory of Trade Agreements [J]. American Economic Review, 2007, 97 (4): 1374-1406.

[70] Monika Mrazova. Trade negotiations when market access matters [M]. Oxford: University of Oxford, 2009.

[71] Ng. Vertical Specialization, Intra - Industry Trade, and Business Cycle Comovement [R]. Mimeo, Wilfrid Laurier University, 2007.

[72] Pentecote J. S., Poutineau J. C., Rondeau F., et al. Extensive Margin of Trade and Business Cycle Correlations [R]. CREM CNRS 6211-University of Rennes1, 2010.

[73] Pomfret Richard, the Economics of Regional Trading Arrangements [M]. Oxford: Oxford University Press, 1997.

[74] Puga Diego, Venables Anthony J. Preferential trading arrangements and industrial location [J]. Journal of International Economics, 1997, 43 (3-4): 347-368.

[75] Ralph Ossa. Profits in the "New Trade" Approach to Trade Negotiations [J]. American Economic Review, 2012, 102 (3): 466-469.

[76] Ralph Ossa. Trade Wars and Trade Talks with Data [J]. American Economic Review, American Economic Association, 2011, 104 (12): 4104-4146.

[77] Rauch J. E. Networks Versus Markets in International Trade [J]. Journal of International Economics, 1999, 48 (1): 7-35.

[78] Reyes J. A., Wooster R. B., Shirrell S. Regional Trade Agreements and the Pattern of Trade: A Networks Approach [J]. World Economy, 2014, 37 (8): 1128-1151.

[79] Ronald J. Wonnacott. Trade and Investment in a Hub-and-Spoke System Versus a Free Trade Area [J]. The World Economy, Wiley Blackwell, 1996. 19 (3): 237-252.

[80] Sapir, Andre. Domino Effects in Western European Regional Trade [J]. European Journal of Political Economy, 2001 (17): 377-388.

[81] Serrano M. Á., Boguñá M. Topology of the World Trade Web [J]. Physical Review, 2003 (68): 634-646.

[82] Sly N., Weber C. E. International Fiscal Policy Coordination and GDP Comovement [R]. Cesifo Working Paper, 2013.

[83] Snyder, David, Edward L. Kick, Structural Position in the World System and Economic Growth, 1955-1970: A Multiple Network Analysis of Transnational Interactions [J]. American Journal of Sociology, 1979 (84): 1096-1126.

[84] Soo Yuen Chong, Jung Hur. Small Hubs, Large Spokes and Overlapping Free Trade Agreements [J]. The World Economy, Wiley Blackwell, 2008, 31 (12): 1625-1665.

[85] Squartini T. Fagiolo G., Garlaschelli D. Randomizing World Trade. II. A Weighted Network Analysis [J]. Physical Review, 2011 (84): 46-118.

[86] Timmer, M. P., Los., B. Stehrer R., De Vries G. J. Fragmentation, Incomes and Jobs: An Analysis of European Competitiveness [J]. Economic Policy, 2013 (28): 613-661.

[87] Timmer, M. P., Erumban, A. A., Los, B., Stehrer, R., De Vries, G. J. Slicing Up Global Value Chains [J]. Journal of Economic Perspectives, 2014, 28 (2): 99-118

[88] Viner J. The Economics of Customs Unions [M]. Lodon: The Customs Union Issue, 1950.

[89] Wang Zhi, Wei Shang-Jin, Yu Xinding , Zhu Kunfu. Characterizing Global Value Chains: Production Length and Upstreamness [R]. NBER Working Paper 23261, 2017a.

[90] Wang Zhi, Wei Shang-Jin, Yu Xinding , Zhu Kunfu. Measures of Participation in Global Value Chains and Global Business Cycles [R]. NBER Working Paper 23222, 2017b.

[91] Wang Zhi, Wei Shang-Jin, Zhu Kunfu. Quantifying International Production Sharing At the Bilateral and Sector Level [R]. NBER Working Paper 19677, 2013.

[92] Watts D. J., Strogatz S. H. Collective Dynamics of small word Networks [J]. Nature, 1998, 393 (4): 440-442.

[93] Whalley John. Why Do Countries Seek Regional Trade Agreements? [M]. NBER Chapters, in: The Regionalization of the World Economy, 1998: 63-90.

[94] Wilhite A. Bilateral Trade and "Small-world" Networks [J]. Computational Economics, 2001, 18 (1): 49-64.

[95] Wonnacott R. J. Industrial Strategy: A Canadian Substitute for Trade Liberalization? [J]. Canadian Journal of Economics, Canadian Economics Association, 1975, 8 (4): 536-547.

[96] Yildiz, Halis Murat. Hub and Spoke Trade Agreements under Oligopoly with Asymmetric Costs [R]. University Library of Munich, 2012.

[97] 陈强. 高级计量经济学及 Stata 应用 [M]. 北京：高等教育出版社, 2013.

[98] 陈银飞. 2000~2009 年世界贸易格局的社会网络分析 [J]. 国际贸易问题, 2011 (11): 31-42.

[99] 成新轩, 张玉柯. 重叠式自由贸易区与多边贸易协议的关系 [J]. 南开学报, 2006 (5): 124-130.

[100] 程淑佳, 赵映慧, 李秀敏. 基于复杂网络理论的原油贸易空间格局差异分析 [J]. 中国人口与自然环境, 2013 (8): 20-25.

[101] 邓慧慧, 桑百川. FTA 网络化发展中的"轮轴—辐条"模式：福利效应与中国的参与战略 [J]. 财贸经济, 2012 (7): 88-94.

[102] 东艳. 区域经济一体化新模式——"轮轴—辐条"双边主义的理论与实证分析 [J]. 财经研究, 2006 (9): 5-19.

[103] 董迪, 安海忠, 郝晓晴, 钟维琼. 基于复杂网络的国际铜矿石贸易格局 [J]. 经济地理, 2016 (10): 93-101.

[104] 段文奇, 刘宝全, 季建华. 国际贸易网络拓扑结构的演化 [J]. 系统工程理论与实践, 2008 (10): 71-15.

[105] 郝晓晴, 安海忠, 陈玉蓉, 高湘昀. 基于复杂网络的国际铁矿石贸易演变规律研究 [J]. 经济地理, 2013 (1): 92-97.

[106] 何剑, 孙玉红. 全球 FTA 网络化发展对不同地位国家的影响 [J]. 中国软科学, 2008 (5): 63-72.

[107] 胡平, 刘志华, 王炳清. 贸易网络综合演化模型的研究 [J]. 复杂系统与复杂性科学, 2012 (2): 52-61.

[108] 李浩, 胡永刚, 马知遥. 国际贸易与中国的实际经济周期——基于封闭与开放经济的 RBC 模型比较分析 [J]. 经济研究, 2007 (5): 17-41.

[109] 李敬, 陈澍, 万广华, 付陈梅. 中国区域经济增长的空间关联及其解释——基于网络分析方法 [J]. 经济研究, 2014 (11): 4-13.

[110] 刘建. 基于社会网络的国际原油贸易格局演化研究 [J]. 国际贸易问题, 2013 (12): 48-57.

[111] 马述忠, 任婉婉, 吴国杰. 一国农产品贸易网络特征及其对全

球价值链分工的影响——基于社会网络分析视角[J]. 管理世界, 2016 (3): 60-72.

[112] 麦延厚, 贺莉芳, 胡强. 中国—亚太经济周期同步性的传导机制研究[J]. 宏观经济研究, 2015 (3): 143-159.

[113] 梅冬州, 赵晓军. 资产互持与经济周期跨国传递[J]. 经济研究, 2015 (4): 62-76.

[114] 丘东晓. 自由贸易协定理论与实证研究综述[J]. 经济研究, 2011 (9): 148-158.

[115] 石林松, 孙皓, 刘晓明. FDI对中国与主要贸易对象国经济周期协动性的影响分析[J]. 吉林大学社会科学学报, 2012 (1): 134-140.

[116] 宋伟. 区域主义动因和中国的选择[J]. 亚太经济, 2005 (3): 76-79.

[117] 宋玉华, 李锋. 亚太区域内自由贸易区的"轴心—辐条"格局解析[J]. 世界经济与政治, 2008 (2): 69-78.

[118] 孙瑾, 郑雅洁. 后危机时代中国与欧美财政政策协调研究[J]. 经济理论与经济管理, 2014 (7): 88-100.

[119] 孙天阳, 许和连, 吴钢. 基于复杂网络的世界高端制造业贸易格局分析[J]. 世界经济与政治论坛, 2014 (2): 19-43.

[120] 孙玉红. 比较优势与轮轴辐条结构FTA成员的利益分配[J]. 世界经济研究, 2008 (7): 49-55.

[121] 王开, 靳玉英. 全球FTA网络形成机制研究[J]. 财贸经济, 2013 (9): 103-111.

[122] 王直, 魏尚进, 祝坤福. 总贸易核算方法: 官方贸易统计数据与全球价值链的度量[J]. 中国社会科学, 2015 (9): 108-127.

[123] 肖威, 刘德学. 垂直专业化分工与经济周期的协同性——基于中国和主要贸易伙伴的实证研究[J]. 国际贸易问题, 2013 (3): 33-45.

[124] 许和连, 孙天阳, 成丽红. "一带一路"高端制造业贸易格局及影响因素研究——基于复杂网络的指数随机图分析[J]. 财贸经济, 2015 (12): 77-88.

[125] 许和连, 孙天阳, 吴钢. 贸易网络地位、研发投入与技术扩散——基于全球高端制造业贸易数据的实证研究[J]. 中国软科学, 2015 (9): 55-69.

[126] 姚星,吴怡,吴钢.金融危机冲击下中国服务贸易网络结构动态演化研究[J].国际贸易问题,2016(9):84-95.

[127] 袁富华,汪红驹,张晓晶.中国经济周期的国际关联[J].世界经济,2009(12):3-12.

[128] 张春博,丁堃,刘则渊,马翔.国际航空航天产品贸易格局(2002-2012年)实证研究——基于社会网络分析的视角[J].科技管理研究,2015(3):120-125.

[129] 张幼文.要素集聚与对外开放新阶段的主题[J].世界经济研究,2008(4):3-8.

[130] 周华,周雅,徐凯,顾盈喆.FTA复杂关系网感染效应分析[J].系统工程理论与实践,2014(7):1720-1731.

[131] 周晓艳,张杰,李鹏飞.中国季度潜在产出与产出缺口的再估算——基于不可观测成分模型的贝叶斯方法[J].数量经济技术经济研究,2012(10).

附录 全球贸易协定目录

区域名称	覆盖范围	类型	成立依据	独立投资章节	生效时间
欧洲经济共同体条约	货物贸易 服务贸易	关税同盟	GATT 第 24 条 GATS 第 5 条	是	1958/1/1
欧洲自由贸易协会（EFTA）	货物贸易 服务贸易	自由贸易区	GATT 第 24 条 GATS 第 5 条	是	1960/3/3（货物） 2002/1/1（服务）
中美洲共同市场（CACM）	货物贸易	关税同盟	GATT 第 24 条	否	1961/6/4
欧洲自由贸易协会—冰岛加入	货物贸易	自由贸易区	GATT 第 24 条	/	1970/3/1
欧盟—海外国家和领地（OCT）	货物贸易	自由贸易区	GATT 第 24 条	/	1971/1/1
欧盟—瑞士—列支敦士登	货物贸易	自由贸易区	GATT 第 24 条	否	1973/1/1
欧洲经济共同体（EC9）	货物贸易	关税同盟	GATT 第 24 条	/	1973/1/1
贸易谈判议定书（PTN）	货物贸易	优惠贸易安排	授权条款	否	1973/2/11
欧盟—冰岛	货物贸易	自由贸易区	GATT 第 24 条	/	1973/4/1
欧盟—挪威	货物贸易	自由贸易区	GATT 第 24 条	否	1973/7/1

续表

区域名称	覆盖范围	类型	成立依据	独立投资章节	生效时间
加勒比共同体和共同市场（CARICOM）	货物贸易 服务贸易	关税同盟	GATT 第 24 条 GATS 第 5 条	是	1973/8/1（货物） 2002/7/4（服务）
亚太贸易协定（APTA）①	货物贸易	优惠贸易安排	授权条款	否	1976/6/17
澳大利亚—巴布亚新几内亚（PATCRA）	货物贸易	自由贸易区	GATT 第 24 条	否	1977/2/1
欧盟—叙利亚	货物贸易	自由贸易区	GATT 第 24 条	否	1977/7/1
南太平洋贸易经济合作协议（SPARTECA）	货物贸易	优惠贸易安排	授权条款	否	1981/1/1
欧洲经济共同体（EC10）	货物贸易	关税同盟	GATT 第 24 条	/	1981/1/1
拉丁美洲一体化协会（LAIA）②	货物贸易	优惠贸易安排	授权条款	否	1981/3/18
澳大利亚—新西兰（ANZCERTA）	货物贸易 服务贸易	自由贸易区	GATT 第 24 条 GATS 第 5 条	是	1983/1/1（货物） 1989/1/1（服务）
美国—以色列	货物贸易	自由贸易区	GATT 第 24 条	否	1985/8/19
欧洲经济共同体（EC12）	货物贸易	关税同盟	GATT 第 24 条	/	1986/1/1
巴拿马—多米尼加③	货物贸易	优惠贸易安排	授权条款	否	1987/6/8
安第斯共同体（CAN）④	货物贸易	关税同盟	授权条款	否	1988/5/25

① 关于亚太贸易协定的说明：之前被称为"曼谷协议"，生效日期为 2006 年 9 月 1 日。
② 关于拉丁美洲一体化协会的说明：巴拿马是该组织成员。
③ 关于巴拿马—多米尼加协议的说明：巴拿马生效日期为 1987 年 1 月 8 日，多米尼加生效日期为 2003 年 11 月 2 日。
④ 关于安第斯共同体的说明：委内瑞拉不再是该组织成员。

附录 全球贸易协定目录

续表

区域名称	覆盖范围	类型	成立依据	独立投资章节	生效时间
发展中国家全球贸易优惠制（GSTP）	货物贸易	优惠贸易安排	授权条款	否	1989/4/19
老挝—泰国	货物贸易	优惠贸易安排	授权条款	否	1991/6/20
欧盟—安道尔	货物贸易	关税同盟	GATT 第24条	否	1991/7/1
南方共同市场（MERCOSUR）①	货物贸易 服务贸易	关税同盟	授权条款 GATS 第5条	否	1991/11/29（货物） 2005/12/7（服务）
经济合作组织（ECO）②	货物贸易	优惠贸易安排	授权条款	否	1992/2/17
欧洲自由贸易联合会—土耳其	货物贸易	自由贸易区	GATT 第24条	是	1992/4/1
东盟自由贸易区（AFTA）	货物贸易	自由贸易区	授权条款	否	1993/1/1
欧洲自由贸易协会—以色列	货物贸易	自由贸易区	GATT 第24条	否	1993/1/1
俄罗斯—阿塞拜疆	货物贸易	自由贸易区	GATT 第24条	否	1993/2/17
俄罗斯—乌兹别克斯坦	货物贸易	自由贸易区	GATT 第24条	否	1993/3/25
俄罗斯—土库曼斯坦	货物贸易	自由贸易区	GATT 第24条	否	1993/4/6
俄罗斯—塔吉克斯坦	货物贸易	自由贸易区	GATT 第24条	/	1993/4/8
法罗群岛—挪威	货物贸易	自由贸易区	GATT 第24条	否	1993/7/1

① 关于南方共同市场的说明：委内瑞拉是该组织成员。
② 关于经济合作组织的说明：实际成员有阿富汗、阿塞拜疆、伊朗、哈萨克斯坦、吉尔吉斯斯坦、巴基斯坦、塔吉克斯坦、土耳其、土库曼斯坦、乌兹别克斯坦。

续表

区域名称	覆盖范围	类型	成立依据	独立投资章节	生效时间
西非国家经济共同体（ECOWAS）	货物贸易	关税同盟	授权条款	是	1993/7/24
美拉尼西亚先锋集团（MSG）	货物贸易	优惠贸易安排	授权条款	/	1994/1/1
北美自由贸易区（NAFTA）	货物贸易 服务贸易	自由贸易区	GATT 第 24 条 GATS 第 5 条	是	1994/1/1
欧洲经济区（EEA）①	服务贸易	经济一体化协议	GATS 第 5 条	是	1994/1/1
乔治亚—俄罗斯	货物贸易	自由贸易区	GATT 第 24 条	否	1994/5/10
东非和南部非洲共同市场（COMESA）②	货物贸易	关税同盟	授权条款	是	1994/12/8
独立国家联合体（CIS）③	货物贸易	自由贸易区	GATT 第 24 条	否	1994/12/30
哥伦比亚—墨西哥	货物贸易 服务贸易	自由贸易区	GATT 第 24 条 GATS 第 5 条	是	1995/1/1

① 关于欧洲经济区的说明：该组织中的欧洲自由贸易协会国家成员都分别签署了各自与欧盟的区域贸易协议；欧盟—冰岛，欧盟—挪威，欧盟—列支敦士登。实际成员有布隆迪、科摩罗、刚果、吉布提、埃及、厄立特里亚、埃塞俄比亚、肯尼亚、利比亚、马达加斯加、马拉维、毛里求斯、卢旺达、塞舌尔、苏丹、斯威士兰、赞比亚、津巴布韦。瑞士是欧洲自由贸易协会成员国，但不是该组织成员。

② 关于东非和南部非洲共同市场的说明：实际成员有布隆迪、科摩罗、刚果、吉布提、埃及、厄立特里亚、埃塞俄比亚、肯尼亚、利比亚、马达加斯加、马拉维、毛里求斯、卢旺达、塞舌尔、苏丹、斯威士兰、赞比亚、津巴布韦。

③ 关于独立国家联合体的说明，各国生效日期为 1997/5/7：摩尔多瓦、哈萨克斯坦、白俄罗斯、哈萨克斯坦、吉尔吉斯斯坦、塔吉克斯坦为 1995/12/28；阿塞拜疆为 1996/12/18，塔吉克斯坦为 1997/5/7。根据亚美尼亚、白俄罗斯、哈萨克斯坦、吉尔吉斯斯坦、摩尔多瓦、俄罗斯、塔吉克斯坦、乌克兰之间自由贸易区条约的规定，考虑到各方之间的关系，1994/4/15 签署的独联体协议应停止。

续表

区域名称	覆盖范围	类型	成立依据	独立投资章节	生效时间
欧洲经济共同体（EC15）	货物贸易 服务贸易	关税同盟	GATT 第 24 条 GATS 第 5 条	/	1995/1/1
法罗群岛—瑞士	货物贸易	自由贸易区	GATT 第 24 条	否	1995/3/1
吉尔吉斯斯坦—亚美尼亚	货物贸易	自由贸易区	GATT 第 24 条	否	1995/10/27
乌克兰—土库曼斯坦	货物贸易	自由贸易区	GATT 第 24 条	否	1995/11/4
吉尔吉斯斯坦—哈萨克斯坦	货物贸易	自由贸易区	GATT 第 24 条	否	1995/11/11
南亚优惠贸易协定（SAPTA）	货物贸易	优惠贸易安排	授权条款	否	1995/12/7
亚美尼亚—摩尔多瓦	货物贸易	自由贸易区	GATT 第 24 条	否	1995/12/21
乌克兰—乌兹别克斯坦	货物贸易	自由贸易区	GATT 第 24 条	否	1996/1/1
欧盟—土耳其	货物贸易	关税同盟	GATT 第 24 条	否	1996/1/1
乔治亚洲—乌克兰	货物贸易	自由贸易区	GATT 第 24 条	否	1996/6/4
亚美尼亚—土库曼斯坦	货物贸易	自由贸易区	GATT 第 24 条	否	1996/7/7
乔治亚洲—阿塞拜疆	货物贸易	自由贸易区	GATT 第 24 条	否	1996/7/10
乌克兰—阿塞拜疆	货物贸易	自由贸易区	GATT 第 24 条	否	1996/9/2
吉尔吉斯斯坦—摩尔多瓦	货物贸易	自由贸易区	GATT 第 24 条	否	1996/11/21
亚美尼亚—乌克兰	货物贸易	自由贸易区	GATT 第 24 条	否	1996/12/18
加拿大—以色列	货物贸易	自由贸易区	GATT 第 24 条	否	1997/1/1
欧盟—法罗群岛	货物贸易	自由贸易区	GATT 第 24 条	/	1997/1/1

续表

区域名称	覆盖范围	类型	成立依据	独立投资章节	生效时间
土耳其—以色列	货物贸易	自由贸易区	GATT 第 24 条	否	1997/5/1
欧盟—巴勒斯坦	货物贸易	自由贸易区	GATT 第 24 条	否	1997/7/1
加拿大—智利	货物贸易 服务贸易	自由贸易区	GATT 第 24 条 GATS 第 5 条	是	1997/7/5
欧亚经济共同体（EAEC）	货物贸易	关税同盟	GATT 第 24 条	/	1997/10/8
俄罗斯—白俄罗斯—哈萨克斯坦	货物贸易	关税同盟	GATT 第 24 条	否	1997/12/3
泛阿拉伯国家自由贸易区（PAFTA）	货物贸易	自由贸易区	GATT 第 24 条	否	1998/1/1
吉尔吉斯斯坦—乌克兰	货物贸易	自由贸易区	GATT 第 24 条	否	1998/1/19
欧盟—突尼斯	货物贸易	自由贸易区	GATT 第 24 条	否	1998/3/1
吉尔吉斯斯坦—乌兹别克斯坦	货物贸易	自由贸易区	GATT 第 24 条	否	1998/3/20
乌克兰—哈萨克斯坦	货物贸易	自由贸易区	GATT 第 24 条	否	1998/10/19
乔治亚州—亚美尼亚	货物贸易	自由贸易区	GATT 第 24 条	否	1998/11/11
中非经济与货币共同体（CEMAC）	货物贸易	关税同盟	授权条款	否	1999/6/24
欧洲自由贸易协会—巴勒斯坦	货物贸易	自由贸易区	GATT 第 24 条	否	1999/7/1
乔治亚州—哈萨克斯坦	货物贸易	自由贸易区	GATT 第 24 条	否	1999/7/16
智利—墨西哥	货物贸易 服务贸易	自由贸易区	GATT 第 24 条 GATS 第 5 条	是	1999/8/1
欧洲自由贸易协会—摩洛哥	货物贸易	自由贸易区	GATT 第 24 条	否	1999/12/1

续表

区域名称	覆盖范围	类型	成立依据	独立投资章节	生效时间
欧盟—南非	货物贸易	自由贸易区	GATT 第 24 条	否	2000/1/1
乔治亚州—土库曼斯坦	货物贸易	自由贸易区	GATT 第 24 条	否	2000/1/1
西非经济货币联盟（WAEMU）①	货物贸易	关税同盟	授权条款	是	2000/1/1
欧盟—摩洛哥	货物贸易	自由贸易区	GATT 第 24 条	否	2000/3/1
欧盟—以色列	货物贸易	自由贸易区	GATT 第 24 条	否	2000/6/1
以色列—墨西哥	货物贸易	自由贸易区	GATT 第 24 条	否	2000/7/1
欧盟—墨西哥	货物贸易 服务贸易	自由贸易区	GATT 第 24 条 GATS 第 5 条	是	2000/7/1（货物） 2000/10/1（服务）
东非共同体（EAC）	货物贸易 服务贸易	关税同盟	授权条款 GATS 第 5 条	是	2000/7/7（货物） 2010/7/1（服务）
南部非洲发展共同体（SADC）②	货物贸易	自由贸易区	GATT 第 24 条	是	2000/9/1
土耳其—马其顿	货物贸易	自由贸易区	GATT 第 24 条	否	2000/9/1
新西兰—新加坡	货物贸易 服务贸易	自由贸易区	GATT 第 24 条 GATS 第 5 条	是	2001/1/1

① 关于西非经济货币联盟的说明：几内亚比绍是该组织成员。
② 关于南部非洲发展共同体的说明：南部非洲发展共同体贸易议定书成员包括安哥拉、博茨瓦纳、莱索托、马达加斯加、马拉维、毛里求斯、莫桑比克、纳米比亚、塞舌尔、塞尔维亚、南非、斯威士兰、坦桑尼亚、赞比亚、津巴布韦、刚果是该组织成员，但不是贸易议定书签署方。

续表

区域名称	覆盖范围	类型	成立依据	独立投资章节	生效时间
欧盟—马其顿	货物贸易 服务贸易	自由贸易区	GATT 第 24 条 GATS 第 5 条	是	2001/6/1（货物） 2004/4/1（服务）
欧洲自由贸易协会—墨西哥	货物贸易 服务贸易	自由贸易区	GATT 第 24 条 GATS 第 5 条	是	2001/7/1
乌克兰—马其顿	货物贸易	自由贸易区	GATT 第 24 条	否	2001/7/5
多米尼加—中美洲①	货物贸易 服务贸易	自由贸易区	GATT 第 24 条 GATS 第 5 条	是	2001/10/4
印度—斯里兰卡	货物贸易	自由贸易区	授权条款	否	2001/12/15
美国—约旦	货物贸易 服务贸易	自由贸易区	GATT 第 24 条 GATS 第 5 条	否	2001/12/17
亚美尼亚—哈萨克斯坦	货物贸易	自由贸易区	GATT 第 24 条	否	2001/12/25
亚太贸易协定（APTA）—中国加入	货物贸易	优惠贸易安排	授权条款	/	2002/1/1
智利—哥斯达黎加（智利—中美洲）	货物贸易 服务贸易	自由贸易区	GATT 第 24 条 GATS 第 5 条	是	2002/2/15
欧盟—圣马力诺	货物贸易	关税同盟	GATT 第 24 条	/	2002/4/1

① 关于多米尼加—中美洲协议的说明，各协议生效日期分别：多米尼加—尼加拉瓜为 2003/09/02；多米尼加—萨尔瓦多为 2004/10/01；多米尼加—哥斯达黎加为 2007/03/02；多米尼加—危地马拉为 2015/10/01；多米尼加—洪都拉斯为 2019/12/01。

续表

区域名称	覆盖范围	类型	成立依据	独立投资章节	生效时间
欧洲自由贸易协会—马其顿	货物贸易	自由贸易区	GATT 第 24 条	否	2002/5/1
欧盟—约旦	货物贸易	自由贸易区	GATT 第 24 条	/	2002/5/1
智利—萨尔瓦多（智利—中美洲）	货物贸易 服务贸易	自由贸易区	GATT 第 24 条 GATS 第 5 条	是	2002/6/1
乌克兰—塔吉克斯坦	货物贸易	自由贸易区	GATT 第 24 条	否	2002/7/11
欧洲自由贸易协会—约旦	货物贸易	自由贸易区	GATT 第 24 条	否	2002/9/1
加拿大—哥斯达黎加	货物贸易	自由贸易区	GATT 第 24 条	否	2002/11/1
日本—新加坡	货物贸易 服务贸易	自由贸易区	GATT 第 24 条 GATS 第 5 条	是	2002/11/30
欧洲自由贸易协会—新加坡	货物贸易 服务贸易	自由贸易区	GATT 第 24 条 GATS 第 5 条	是	2003/1/1
海湾合作理事会（GCC）	货物贸易	关税同盟	GATT 第 24 条 授权条款	否	2003/1/1
欧盟—智利	货物贸易 服务贸易	自由贸易区	GATT 第 24 条 GATS 第 5 条	是	2003/2/1（货物） 2005/3/1（服务）
欧盟—黎巴嫩	货物贸易	自由贸易区	GATT 第 24 条	否	2003/3/1
巴拿马—萨尔瓦多（巴拿马—中美洲）	货物贸易 服务贸易	自由贸易区	GATT 第 24 条 GATS 第 5 条	是	2003/4/11

续表

区域名称	覆盖范围	类型	成立依据	独立投资章节	生效时间
太平洋岛屿国家贸易协定（PICTA）	货物贸易	自由贸易区	授权条款	否	2003/4/13
印度—阿富汗	货物贸易	优惠贸易安排	授权条款	否	2003/5/13
中国—中国香港	货物贸易 服务贸易	自由贸易区	GATT 第 24 条 GATS 第 5 条	否	2003/6/29
土耳其—波斯尼亚和黑塞哥维那	货物贸易	自由贸易区	GATT 第 24 条	否	2003/7/1
新加坡—澳大利亚	货物贸易 服务贸易	自由贸易区	GATT 第 24 条 GATS 第 5 条	是	2003/7/28
中国—中国澳门	货物贸易 服务贸易	自由贸易区	GATT 第 24 条 GATS 第 5 条	否	2003/10/17
巴拿马—中国台湾	货物贸易 服务贸易	自由贸易区	GATT 第 24 条 GATS 第 5 条	是	2004/1/1
美国—智利	货物贸易 服务贸易	自由贸易区	GATT 第 24 条 GATS 第 5 条	是	2004/1/1
美国—新加坡	货物贸易 服务贸易	自由贸易区	GATT 第 24 条 GATS 第 5 条	是	2004/1/1
韩国—智利	货物贸易 服务贸易	自由贸易区	GATT 第 24 条 GATS 第 5 条	是	2004/4/1
欧洲经济共同体（EC25）	货物贸易 服务贸易	关税同盟	GATT 第 24 条 GATS 第 5 条	/	2004/5/1

续表

区域名称	覆盖范围	类型	成立依据	独立投资章节	生效时间
共同经济区（CEZ）	货物贸易	自由贸易区	GATT 第 24 条	是	2004/5/20
欧盟—埃及	货物贸易	自由贸易区	GATT 第 24 条	/	2004/6/1
墨西哥—乌拉圭	货物贸易 服务贸易	自由贸易区	GATT 第 24 条 GATS 第 5 条	是	2004/7/15
南部非洲关税同盟（SACU）	货物贸易	关税同盟	GATT 第 24 条	否	2004/7/15
欧洲自由贸易协会—智利	货物贸易 服务贸易	自由贸易区	GATT 第 24 条 GATS 第 5 条	是	2004/12/1
泰国—澳大利亚	货物贸易 服务贸易	自由贸易区	GATT 第 24 条 GATS 第 5 条	是	2005/1/1
美国—澳大利亚	货物贸易 服务贸易	自由贸易区	GATT 第 24 条 GATS 第 5 条	是	2005/1/1
东盟—中国	货物贸易 服务贸易	自由贸易区	授权条款 GATS 第 5 条	是	2005/1/1（货物） 2007/7/1（服务）
日本—墨西哥	货物贸易 服务贸易	自由贸易区	GATT 第 24 条 GATS 第 5 条	是	2005/4/1
乌克兰—摩尔多瓦	货物贸易	自由贸易区	GATT 第 24 条	否	2005/5/19
欧洲自由贸易协会—突尼斯	货物贸易	自由贸易区	GATT 第 24 条	是	2005/6/1
土耳其—巴勒斯坦	货物贸易	自由贸易区	GATT 第 24 条	否	2005/6/1

续表

区域名称	覆盖范围	类型	成立依据	独立投资章节	生效时间
巴基斯坦—斯里兰卡	货物贸易	自由贸易区	授权条款	否	2005/6/12
泰国—新西兰	货物贸易服务贸易	自由贸易区	GATT 第 24 条 GATS 第 5 条	是	2005/7/1
土耳其—突尼斯	货物贸易	自由贸易区	GATT 第 24 条	否	2005/7/1
印度—新加坡	货物贸易服务贸易	自由贸易区	GATT 第 24 条 GATS 第 5 条	是	2005/8/1
约旦—新加坡	货物贸易服务贸易	自由贸易区	GATT 第 24 条 GATS 第 5 条	否	2005/8/22
欧盟—阿尔及利亚	货物贸易	自由贸易区	GATT 第 24 条	否	2005/9/1
美国—摩洛哥	货物贸易服务贸易	自由贸易区	GATT 第 24 条 GATS 第 5 条	是	2006/1/1
南亚自由贸易区（SAFTA）	货物贸易	自由贸易区	授权条款	/	2006/1/1
土耳其—摩洛哥	货物贸易	自由贸易区	GATT 第 24 条	否	2006/1/1
多米尼加—中美洲自由贸易区（CAFTA-DR）①	货物贸易服务贸易	自由贸易区	GATT 第 24 条 GATS 第 5 条	是	2006/3/1

① 关于多米尼加—中美洲自由贸易协定的说明，各国生效日期分别：萨尔瓦多、美国为 2006/3/1；洪都拉斯、尼加拉瓜为 2006/4/1；危地马拉为 2006/7/1；多米尼加为 2007/3/1；哥斯达黎加为 2009/1/1。

续表

区域名称	覆盖范围	类型	成立依据	独立投资章节	生效时间
韩国—新加坡	货物贸易 服务贸易	自由贸易区	GATT 第 24 条 GATS 第 5 条	是	2006/3/2
跨太平洋战略经济伙伴协定①	货物贸易 服务贸易	自由贸易区	GATT 第 24 条 GATS 第 5 条	否	2006/5/28
俄罗斯—塞尔维亚	货物贸易	自由贸易区	GATT 第 24 条	否	2006/6/3
危地马拉—中国台湾	货物贸易 服务贸易	自由贸易区	GATT 第 24 条 GATS 第 5 条	是	2006/7/1
日本—马来西亚	货物贸易 服务贸易	自由贸易区	GATT 第 24 条 GATS 第 5 条	是	2006/7/13
巴拿马—新加坡	货物贸易 服务贸易	自由贸易区	GATT 第 24 条 GATS 第 5 条	是	2006/7/24
印度—不丹	货物贸易	自由贸易区	授权条款	否	2006/7/29
美国—巴林	货物贸易 服务贸易	自由贸易区	GATT 第 24 条 GATS 第 5 条	否	2006/8/1
欧洲自由贸易协会—韩国②	货物贸易 服务贸易	自由贸易区	GATT 第 24 条 GATS 第 5 条	是	2006/9/1

① 关于跨太平洋战略经济伙伴协定的说明,各国生效日期分别为新西兰、新加坡为 2006/5/28;文莱为 2006/7/12;智利为 2006/11/8。
② 关于欧洲自由贸易协会—韩国协议的说明,冰岛生效日期为 2006/10/1。

续表

区域名称	覆盖范围	类型	成立依据	独立投资章节	生效时间
智利—中国	货物贸易 服务贸易	自由贸易区	GATT 第 24 条 GATS 第 5 条	是	2006/10/1（货物） 2010/8/1（服务）
冰岛—法罗群岛	货物贸易 服务贸易	自由贸易区	GATT 第 24 条 GATS 第 5 条	是	2006/11/1
乌克兰—白俄罗斯	货物贸易	自由贸易区	GATT 第 24 条	否	2006/11/11
欧盟—阿尔巴尼亚	货物贸易 服务贸易	自由贸易区	GATT 第 24 条 GATS 第 5 条	是	2006/12/1（货物） 2009/4/1（服务）
欧洲自由贸易协会—黎巴嫩	货物贸易	自由贸易区	GATT 第 24 条	否	2007/1/1
土耳其—叙利亚	货物贸易	自由贸易区	GATT 第 24 条	否	2007/1/1
欧洲经济共同体（EC27）	货物贸易 服务贸易	关税同盟	GATT 第 24 条 GATS 第 5 条	/	2007/1/1
埃及—土耳其	货物贸易	自由贸易区	授权条款	否	2007/3/1
阿加迪尔自由贸易协议	货物贸易	自由贸易区	授权条款	否	2007/3/27
中欧自由贸易区（CEFTA）2006①	货物贸易	自由贸易区	GATT 第 24 条	是	2007/5/1
东非共同体（EAC）—布隆迪和卢旺达加入	货物贸易	关税同盟	授权条款	/	2007/7/1

---

① 关于中欧自由贸易协定 2006 的说明：克罗地亚由于 2013/7/1 加入欧盟，已终止其中欧自由贸易协定。

续表

区域名称	覆盖范围	类型	成立依据	独立投资章节	生效时间
巴基斯坦—中国	货物贸易 服务贸易	自由贸易区	GATT 第 24 条 GATS 第 5 条	是	2007/7/1（货物） 2009/10/10（服务）
欧洲自由贸易协会—埃及	货物贸易	自由贸易区	GATT 第 24 条	是	2007/8/1
智利—印度①	货物贸易	优惠贸易安排	授权条款	否	2007/8/17
智利—日本	货物贸易 服务贸易	自由贸易区	GATT 第 24 条 GATS 第 5 条	是	2007/9/3
日本—泰国	货物贸易 服务贸易	自由贸易区	GATT 第 24 条 GATS 第 5 条	是	2007/11/1
毛里求斯—巴基斯坦	货物贸易	优惠贸易安排	授权条款	否	2007/11/30
尼加拉瓜—中国台湾	货物贸易 服务贸易	自由贸易区	GATT 第 24 条 GATS 第 5 条	是	2008/1/1
巴基斯坦—马来西亚	货物贸易 服务贸易	自由贸易区	授权条款 GATS 第 5 条	是	2008/1/1
欧盟—黑山	货物贸易 服务贸易	自由贸易区	GATT 第 24 条 GATS 第 5 条	是	2008/1/1（货物） 2010/4/1（服务）

① 关于智利—印度协议的说明：出于国内行政性的考虑，印度实际生效日期为 2007 年 9 月 11 日。

续表

区域名称	覆盖范围	类型	成立依据	独立投资章节	生效时间
萨尔瓦多—洪都拉斯—中国台湾①	货物贸易 服务贸易	自由贸易区	GATT 第 24 条 GATS 第 5 条	是	2008/3/1
巴拿马—智利	货物贸易 服务贸易	自由贸易区	GATT 第 24 条 GATS 第 5 条	否	2008/3/7
欧洲自由贸易协会—南部非洲关税同盟	货物贸易	自由贸易区	GATT 第 24 条	是	2008/5/1
土耳其—阿尔巴尼亚	货物贸易	自由贸易区	GATT 第 24 条	否	2008/5/1
日本—印度尼西亚	货物贸易 服务贸易	自由贸易区	GATT 第 24 条 GATS 第 5 条	是	2008/7/1
欧盟—波斯尼亚和黑塞哥维那	货物贸易 服务贸易	自由贸易区	GATT 第 24 条 GATS 第 5 条	是	2008/7/1（货物） 2015/1/1（服务）
智利—洪都拉斯（智利—中美洲）	货物贸易 服务贸易	自由贸易区	GATT 第 24 条 GATS 第 5 条	是	2008/7/19
文莱—日本	货物贸易 服务贸易	自由贸易区	GATT 第 24 条 GATS 第 5 条	是	2008/7/31
中国—新西兰	货物贸易 服务贸易	自由贸易区	GATT 第 24 条 GATS 第 5 条	是	2008/10/1

① 关于萨尔瓦多—洪都拉斯—中国台湾协议的说明，各协议生效日期分别：萨尔瓦多—中国台湾为 2008 年 3 月 1 日；洪都拉斯—中国台湾为 2008 年 7 月 15 日。

续表

区域名称	覆盖范围	类型	成立依据	独立投资章节	生效时间
欧盟—加勒比海论坛国家经济伙伴关系协定	货物贸易服务贸易	自由贸易区	GATT 第 24 条 GATS 第 5 条	是	2008/11/1
土耳其—乔治亚州	货物贸易	自由贸易区	GATT 第 24 条	否	2008/11/1
巴拿马—哥斯达黎加（巴拿马—中美洲）	货物贸易服务贸易	自由贸易区	GATT 第 24 条 GATS 第 5 条	是	2008/11/23
东盟—日本①	货物贸易	自由贸易区	GATT 第 24 条	否	2008/12/1
日本—菲律宾	货物贸易服务贸易	自由贸易区	GATT 第 24 条 GATS 第 5 条	是	2008/12/11
中国—新加坡	货物贸易服务贸易	自由贸易区	GATT 第 24 条 GATS 第 5 条	是	2009/1/1
美国—阿曼	货物贸易服务贸易	自由贸易区	GATT 第 24 条 GATS 第 5 条	是	2009/1/1
巴拿马—洪都拉斯（巴拿马—中美洲）	货物贸易服务贸易	自由贸易区	GATT 第 24 条 GATS 第 5 条	是	2009/1/9

① 关于东盟—日本协议的说明，各国签署日期：新加坡为 2008/3/26；日本为 2008/3/28；印度尼西亚为 2008/3/31；越南为 2008/4/1；菲律宾为 2008/4/2；文莱为 2008/4/3；老挝为 2008/4/4；柬埔寨为 2008/4/7；缅甸为 2008/4/10；泰国为 2008/4/11；马来西亚为 2008/4/14。生效日期：新加坡、日本、越南、老挝、缅甸为 2008/12/1；文莱为 2009/1/1；马来西亚为 2009/2/1；泰国为 2009/6/1；柬埔寨为 2009/12/1；菲律宾为 2010/7/1；印度尼西亚生效日期待定。

续表

区域名称	覆盖范围	类型	成立依据	独立投资章节	生效时间
美国—秘鲁	货物贸易 服务贸易	自由贸易区	GATT 第 24 条 GATS 第 5 条	是	2009/2/1
秘鲁—智利	货物贸易 服务贸易	自由贸易区	GATT 第 24 条 GATS 第 5 条	是	2009/3/1
澳大利亚—智利	货物贸易 服务贸易	自由贸易区	GATT 第 24 条 GATS 第 5 条	是	2009/3/6
智利—哥伦比亚[①]	货物贸易 服务贸易	自由贸易区	GATT 第 24 条 GATS 第 5 条	是	2009/5/8
南方共同市场—印度	货物贸易	优惠贸易安排	授权条款	否	2009/6/1
巴拿马—危地马拉（巴拿马—中美洲）	货物贸易 服务贸易	自由贸易区	GATT 第 24 条 GATS 第 5 条	是	2009/6/20
欧洲自由贸易协会—加拿大	货物贸易	自由贸易区	GATT 第 24 条	否	2009/7/1
加拿大—秘鲁	货物贸易 服务贸易	自由贸易区	GATT 第 24 条 GATS 第 5 条	是	2009/8/1
秘鲁—新加坡	货物贸易 服务贸易	自由贸易区	GATT 第 24 条 GATS 第 5 条	是	2009/8/1

① 关于智利—哥伦比亚协议的说明，参考拉丁美洲一体化协会：AAP. CE N°24。

续表

区域名称	覆盖范围	类型	成立依据	独立投资章节	生效时间
日本—瑞士	货物贸易 服务贸易	自由贸易区	GATT 第 24 条 GATS 第 5 条	是	2009/9/1
日本—越南	货物贸易 服务贸易	自由贸易区	GATT 第 24 条 GATS 第 5 条	是	2009/10/1
印度—尼泊尔	货物贸易	优惠贸易安排	授权条款	否	2009/10/27
哥伦比亚—北三角（萨尔瓦多、危地马拉、洪都拉斯）①	货物贸易 服务贸易	自由贸易区	GATT 第 24 条 GATS 第 5 条	是	2009/11/12
巴拿马—尼加拉瓜（巴拿马—中美洲）②	货物贸易 服务贸易	自由贸易区	GATT 第 24 条 GATS 第 5 条	是	2009/11/21
欧盟—巴布亚新几内亚—斐济②	货物贸易 服务贸易	自由贸易区	GATT 第 24 条 GATS 第 5 条	/	2009/12/20
东盟—澳大利亚—新西兰③	货物贸易 服务贸易	自由贸易区	GATT 第 24 条 GATS 第 5 条	是	2010/1/1

① 关于哥伦比亚—北三角协议的说明，各协议生效日期：哥伦比亚—危地马拉为 2009/11/12；哥伦比亚—萨尔瓦多为 2010/2/1；哥伦比亚—洪都拉斯为 2010/3/27。

② 关于欧盟—巴布亚新几内亚/斐济协议的说明，各协议签署日期：巴布亚新几内亚—欧盟为 2009/7/30；斐济—欧盟为 2009/12/11。协议临时适用开始日期分别：巴布亚新几内亚—欧盟为 2009/12/20；斐济—欧盟为 2014/7/28。

③ 关于东盟—澳大利亚—新西兰协议的说明，各国生效日期：澳大利亚、文莱、马来西亚、缅甸、新加坡、菲律宾、新西兰、越南为 2010/1/1；泰国为 2010/3/12；老挝为 2011/1/4；柬埔寨为 2011/1/1；印度尼西亚为 2012/1/10。

续表

区域名称	覆盖范围	类型	成立依据	独立投资章节	生效时间
韩国—印度	货物贸易 服务贸易	自由贸易区	GATT 第 24 条 授权条款 GATS 第五条	是	2010/1/1
东盟—韩国	货物贸易 服务贸易	自由贸易区	GATT 第 24 条 授权条款 GATS 第 5 条	是	2010/1/1（货物） 2014/10/14（服务）
东盟—印度①	货物贸易 服务贸易	自由贸易区	授权条款 GATS 第 5 条	是	2010/1/1（货物） 2015/7/1（服务）
欧盟—塞尔维亚	货物贸易 服务贸易	自由贸易区	GATT 第 24 条 GATS 第 5 条	是	2010/2/1（货物） 2013/9/1（服务）
秘鲁—中国	货物贸易 服务贸易	自由贸易区	GATT 第 24 条 GATS 第 5 条	是	2010/3/1
土耳其—黑山	货物贸易	自由贸易区	GATT 第 24 条	否	2010/3/1
智利—危地马拉（智利—中美洲）	货物贸易 服务贸易	自由贸易区	GATT 第 24 条 GATS 第 5 条	是	2010/3/23

① 关于东盟—印度协议的说明，架构协议生效日期为 2004/7/1。货物贸易协议各国生效日期：印度、马来西亚、新加坡、泰国为 2010/1/1；文莱、缅甸、越南为 2010/6/1；印度尼西亚为 2010/10/1；老挝为 2011/1/1；菲律宾为 2011/3/17；柬埔寨为 2011/7/15。

续表

区域名称	覆盖范围	类型	成立依据	独立投资章节	生效时间
新西兰—马来西亚	货物贸易 服务贸易	自由贸易区	GATT 第 24 条 GATS 第 5 条	是	2010/8/1
土耳其—塞尔维亚	货物贸易	自由贸易区	GATT 第 24 条	否	2010/9/1
欧洲自由贸易协会—塞尔维亚①	货物贸易	自由贸易区	GATT 第 24 条	是	2010/10/1
欧洲自由贸易协会—阿尔巴尼亚②	货物贸易	自由贸易区	GATT 第 24 条	是	2010/11/1
中国香港—新西兰	货物贸易 服务贸易	自由贸易区	GATT 第 24 条 GATS 第 5 条	是	2011/1/1
土耳其—智利	货物贸易	自由贸易区	GATT 第 24 条	否	2011/3/1
土耳其—约旦	货物贸易	自由贸易区	GATT 第 24 条	否	2011/3/1
欧洲自由贸易协会—哥伦比亚③	货物贸易 服务贸易	自由贸易区	GATT 第 24 条 GATS 第 5 条	是	2011/7/1
欧盟—韩国	货物贸易 服务贸易	自由贸易区	GATT 第 24 条 GATS 第 5 条	是	2011/7/1

① 关于欧洲自由贸易协会—塞尔维亚协议的说明，各协议生效日期：塞尔维亚—列支敦士登，瑞士为 2010/10/1；塞尔维亚—冰岛为 2011/10/1。
② 关于欧洲自由贸易协会—阿尔巴尼亚协议的说明，各协议生效日期：阿尔巴尼亚—列支敦士登 2010/11/1；阿尔巴尼亚—挪威为 2011/8/1；阿尔巴尼亚—冰岛为 2011/10/1。
③ 关于欧洲自由贸易协会—哥伦比亚协议的说明，各国生效日期：哥伦比亚，列支敦士登，瑞士为 2011/7/1；挪威为 2014/9/1；冰岛为 2014/10/1。

续表

区域名称	覆盖范围	类型	成立依据	独立投资章节	生效时间
印度—马来西亚	货物贸易 服务贸易	自由贸易区	授权条款 GATS 第 5 条	是	2011/7/1
欧洲自由贸易协会—秘鲁①	货物贸易	自由贸易区	GATT 第 24 条	是	2011/7/1
中国—哥斯达黎加	货物贸易 服务贸易	自由贸易区	GATT 第 24 条 GATS 第 5 条	是	2011/8/1
印度—日本	货物贸易 服务贸易	自由贸易区	GATT 第 24 条 GATS 第 5 条	是	2011/8/1
秘鲁—韩国	货物贸易 服务贸易	自由贸易区	GATT 第 24 条 GATS 第 5 条	是	2011/8/1
南亚自由贸易区（SAFTA）—阿富汗加入	货物贸易	自由贸易区	授权条款	/	2011/8/7
加拿大—哥伦比亚	货物贸易 服务贸易	自由贸易区	GATT 第 24 条 GATS 第 5 条	是	2011/8/15
秘鲁—墨西哥	货物贸易 服务贸易	自由贸易区	GATT 第 24 条 GATS 第 5 条	是	2012/2/1
智利—马来西亚②	货物贸易	自由贸易区	GATT 第 24 条	否	2012/2/25

① 关于欧洲自由贸易协会—秘鲁协议的说明，各协议生效日期：秘鲁—列支敦士登、瑞士为 2011/7/1；秘鲁—冰岛为 2011/10/1；秘鲁—挪威为 2012/7/1。

② 关于智利—马来西亚协议的说明，双方生效日期：马来西亚为 2012/2/25；智利为 2012/4/18。

续表

区域名称	覆盖范围	类型	成立依据	独立投资章节	生效时间
日本—秘鲁	货物贸易 服务贸易	自由贸易区	GATT 第 24 条 GATS 第 5 条	是	2012/3/1
韩国—美国	货物贸易 服务贸易	自由贸易区	GATT 第 24 条 GATS 第 5 条	是	2012/3/15
巴拿马—秘鲁	货物贸易 服务贸易	自由贸易区	GATT 第 24 条 GATS 第 5 条	是	2012/5/1
欧盟—东非和南部非洲临时经济伙伴关系协定	货物贸易	自由贸易区	GATT 第 24 条	否	2012/5/14
美国—哥伦比亚①	货物贸易 服务贸易	自由贸易区	GATT 第 24 条 GATS 第 5 条	是	2012/5/15
欧洲自由贸易协会—乌克兰	货物贸易 服务贸易	自由贸易区	GATT 第 24 条 GATS 第 5 条	是	2012/6/1
萨尔瓦多—古巴	货物贸易	优惠贸易安排	授权条款	否	2012/8/1
墨西哥—中美洲②	货物贸易 服务贸易	自由贸易区	GATT 第 24 条 GATS 第 5 条	是	2012/9/1

① 关于美国—哥伦比亚协议的说明，2006/11/22 签署，2007/6/28 修改。
② 关于墨西哥—中美洲协议的说明，各协议生效日期：墨西哥—萨尔瓦多为 2012/9/1；墨西哥—尼加拉瓜为 2012/9/1；墨西哥—洪都拉斯为 2013/1/1；墨西哥—哥斯达黎加为 2013/7/1；墨西哥—危地马拉为 2013/9/1。

续表

区域名称	覆盖范围	类型	成立依据	独立投资章节	生效时间
欧洲自由贸易协会—黑山①	货物贸易	自由贸易区	GATT 第 24 条	是	2012/9/1
独联体国家间自由贸易区条约（CIS）②	货物贸易	自由贸易区	GATT 第 24 条	否	2012/9/20
欧洲自由贸易协会—中国香港③	货物贸易 服务贸易	自由贸易区	GATT 第 24 条 GATS 第 5 条	是	2012/10/1
加拿大—约旦	货物贸易	自由贸易区	GATT 第 24 条	否	2012/10/1
智利—尼加拉瓜（智利—中美洲）	货物贸易 服务贸易	自由贸易区	GATT 第 24 条 GATS 第 5 条	是	2012/10/19
美国—巴拿马	货物贸易 服务贸易	自由贸易区	GATT 第 24 条 GATS 第 5 条	是	2012/10/31
马来西亚—澳大利亚	货物贸易 服务贸易	自由贸易区	GATT 第 24 条 GATS 第 5 条	是	2013/1/1

① 关于欧洲自由贸易协会—黑山协议的说明，各协议生效日期：黑山—列支敦士登，瑞士为 2012/9/1；黑山—冰岛为 2012/10/1；黑山—挪威为 2012/11/1。
② 关于独联体国家间自由贸易区条约的说明，各国生效日期：俄罗斯，白俄罗斯，乌克兰为 2012/9/20；亚美尼亚为 2012/10/17；哈萨克斯坦为 2012/12/8；摩尔多瓦为 2012/12/9；吉尔吉斯斯坦 2013/12/13。根据附录 5 的规定，吉尔吉斯斯坦，摩尔多瓦，俄罗斯，塔吉克斯坦，乌克兰之间的自由贸易区条约 23.1，23.2 段在协议原生效的若干协定终止。见文件 WT/REG82/N/3，WT/REG/GEN/N 8。
③ 关于欧洲自由贸易协会—中国香港协议的说明，各协议生效日期：中国香港—冰岛，列支敦士登，瑞士为 2012/10/1；中国香港—挪威为 2012/11/1。

续表

区域名称	覆盖范围	类型	成立依据	独立投资章节	生效时间
乌克兰—黑山	货物贸易 服务贸易	自由贸易区	GATT 第 24 条 GATS 第 5 条	否	2013/1/1
欧盟—哥伦比亚—秘鲁	货物贸易 服务贸易	自由贸易区	GATT 第 24 条 GATS 第 5 条	是	2013/3/1
加拿大—巴拿马	货物贸易 服务贸易	自由贸易区	GATT 第 24 条 GATS 第 5 条	是	2013/4/1
韩国—土耳其	货物贸易	自由贸易区	GATT 第 24 条	否	2013/5/1
哥斯达黎加—秘鲁	货物贸易 服务贸易	自由贸易区	GATT 第 24 条 GATS 第 5 条	是	2013/6/1
土耳其—毛里求斯	货物贸易	自由贸易区	GATT 第 24 条	否	2013/6/1
哥斯达黎加—新加坡	货物贸易 服务贸易	自由贸易区	GATT 第 24 条 GATS 第 5 条	是	2013/7/1
欧洲经济共同体（EU28）	货物贸易 服务贸易	关税同盟	GATT 第 24 条 GATS 第 5 条	/	2013/7/1
欧盟—中美洲	货物贸易 服务贸易	自由贸易区	GATT 第 24 条 GATS 第 5 条	/	2013/8/1
海湾阿拉伯国家合作委员会（GCC）—新加坡	货物贸易 服务贸易	自由贸易区	授权条款 GATS 第 5 条	/	2013/9/1

续表

区域名称	覆盖范围	类型	成立依据	独立投资章节	生效时间
新西兰—中国台湾	货物贸易 服务贸易	自由贸易区	GATT 第 24 条 GATS 第 5 条	是	2013/12/1
智利—越南	货物贸易 服务贸易	自由贸易区	GATT 第 24 条	否	2014/1/1
新加坡—中国台湾	货物贸易 服务贸易	自由贸易区	GATT 第 24 条 GATS 第 5 条	是	2014/4/19
欧盟—乌克兰①	货物贸易 服务贸易	自由贸易区	GATT 第 24 条 GATS 第 5 条	是	2014/4/23
冰岛—中国	货物贸易 服务贸易	自由贸易区	GATT 第 24 条 GATS 第 5 条	是	2014/7/1
瑞士—中国	货物贸易 服务贸易	自由贸易区	GATT 第 24 条 GATS 第 5 条	否	2014/7/1
欧盟—喀麦隆	货物贸易	自由贸易区	GATT 第 24 条	/	2014/8/4
欧洲自由贸易协会—中美洲（哥斯达黎加、巴拿马）②	货物贸易 服务贸易	自由贸易区	GATT 第 24 条 GATS 第 5 条	是	2014/8/19

① 关于欧盟—乌克兰协议的说明，根据双方各自的内部程序，欧盟生效日期为 2014/4/23，乌克兰生效日期为 2016/1/1。
② 关于欧洲自由贸易协会—中美洲协议的说明，各协议生效日期：哥斯达黎加—冰岛为 2014/9/5；哥斯达黎加、巴拿马—挪威为 2014/8/19；哥斯达黎加、巴拿马—列支敦士登、瑞士为 2014/8/29。

续表

区域名称	覆盖范围	类型	成立依据	独立投资章节	生效时间
欧盟—乔治亚州	货物贸易 服务贸易	自由贸易区	GATT 第 24 条 GATS 第 5 条	是	2014/9/1
欧盟—摩尔多瓦	货物贸易 服务贸易	自由贸易区	GATT 第 24 条 GATS 第 5 条	是	2014/9/1
加拿大—洪都拉斯	货物贸易 服务贸易	自由贸易区	GATT 第 24 条 GATS 第 5 条	是	2014/10/1
香港—智利	货物贸易 服务贸易	自由贸易区	GATT 第 24 条 GATS 第 5 条	是	2014/10/9
韩国—澳大利亚	货物贸易 服务贸易	自由贸易区	GATT 第 24 条 GATS 第 5 条	是	2014/12/12
加拿大—韩国	货物贸易 服务贸易	自由贸易区	GATT 第 24 条 GATS 第 5 条	是	2015/1/1
欧洲自由贸易协会—波斯尼亚和黑塞哥维那	货物贸易 服务贸易	自由贸易区	GATT 第 24 条 GATS 第 5 条	是	2015/1/1
欧亚经济联盟（EAEU）①	货物贸易 服务贸易	关税同盟	GATT 第 24 条 GATS 第 5 条	是	2015/1/1

① 关于欧亚经济联盟的说明，各国生效日期：白俄罗斯、哈萨克斯坦、俄罗斯为 2015/1/1；亚美尼亚为 2015/1/2；吉尔吉斯斯坦为 2015/8/12。

续表

区域名称	覆盖范围	类型	成立依据	独立投资章节	生效时间
欧亚经济联盟（EAEU）—亚美尼亚加入	货物贸易服务贸易	关税同盟	GATT 第 24 条 GATS 第 5 条	/	2015/1/2
日本—澳大利亚	货物贸易服务贸易	自由贸易区	GATT 第 24 条 GATS 第 5 条	是	2015/1/15
南部非洲发展共同体（SADC）—塞舌尔加入	货物贸易	自由贸易区	GATT 第 24 条	/	2015/5/25
海湾合作理事会—新加坡	货物贸易服务贸易	自由贸易区	授权条款 GATS 第 5 条	是	2015/6/30
墨西哥—巴拿马	货物贸易服务贸易	自由贸易区	GATT 第 24 条 GATS 第 5 条	/	2015/7/1
土耳其—马来西亚	货物贸易	自由贸易区	GATT 第 24 条	否	2015/8/1
欧亚经济联盟（EAEU）—吉尔吉斯斯坦加入	货物贸易服务贸易	关税同盟	GATT 第 24 条 GATS 第 5 条	/	2015/8/12
澳大利亚—中国	货物贸易服务贸易	自由贸易区	GATT 第 24 条 GATS 第 5 条	是	2015/12/20
中国—韩国	货物贸易服务贸易	自由贸易区	GATT 第 24 条 GATS 第 5 条	是	2015/12/20
韩国—新西兰	货物贸易服务贸易	自由贸易区	GATT 第 24 条 GATS 第 5 条	是	2015/12/20

续表

区域名称	覆盖范围	类型	成立依据	独立投资章节	生效时间
韩国—越南	货物贸易 服务贸易	自由贸易区	GATT 第 24 条 GATS 第 5 条	是	2015/12/20
拉美太平洋联盟	货物贸易 服务贸易	自由贸易区	GATT 第 24 条 GATS 第 5 条	否	2016/5/1
日本—蒙古	货物贸易 服务贸易	自由贸易区	GATT 第 24 条 GATS 第 5 条	是	2016/6/7
韩国—哥伦比亚	货物贸易 服务贸易	自由贸易区	GATT 第 24 条 GATS 第 5 条	是	2016/7/15
哥斯达黎加—哥伦比亚	货物贸易 服务贸易	自由贸易区	GATT 第 24 条 GATS 第 5 条	是	2016/8/1
欧盟—科特迪瓦	货物贸易	自由贸易区	GATT 第 24 条	否	2016/9/3
欧盟—南部非洲发展共同体	货物贸易	自由贸易区	GATT 第 24 条	否	2016/10/10
土耳其—摩尔多瓦	货物贸易	自由贸易区	GATT 第 24 条	否	2016/11/1
欧盟—加纳	货物贸易	自由贸易区	GATT 第 24 条	否	2016/12/15

资料来源：http://rtais.wto.org/Ul/PublicAllRTAList.aspx，WTO 官网。

后　记

本书是负责人主持的国家社科基金青年项目"我国自由贸易区的网络空间格局与多元化开放利益耦合机制研究"（13CJY101）的最终成果。自2013年项目立项以来，前后经历6年的时间得以最终完成。期间我于澳大利亚南昆士兰大学访学一年，安静的访学环境给了我深入思考和学习的宝贵机会。

在项目的推进过程中，我得到了很多前辈、师长、朋友、学生及家人的热忱帮助和支持。这里我特别要感谢我的博士生指导老师——中央财经大学的唐宜红教授。在对外经济与贸易大学读博士期间唐老师帮助我养成了良好的科研习惯，毕业多年后每次与唐老师的短暂相逢让我幸福万分，项目的结题成果初稿也得到了唐老师的悉心指导。我还要感谢上海社会科学院世界经济研究所的沈玉良研究员、华东师范大学经济学院的郭晓合教授等前辈的热心指点。本书的顺利出版也需要感谢经济管理出版社的张艳老师、张莉琼编辑的全力帮助。我也要对参与项目的周金燕等同学表示感谢，他们为项目的中期成果提供了有力的支持。我还要对全国哲社办、上海哲社办以及华东师范大学社科处给予的全面、细致的帮助致以衷心的感谢。最后我把一份谢意留给我的家人，正是你们的陪伴和支持使我坚持至今，并继续前行。

徐世腾
2019年9月于华东师范大学闵行校区